VINCENT

# TROST AUS DEM KÜHLSCHRANK

Für meine süße Julie.

Für meinen geliebten Daniel, meinen Freund,
meinen Verbündeten.

Für Mamie, weil sie von dort oben noch immer
Sonne in mein Leben bringt.

Louise Vincent

# Trost aus dem Kühlschrank

Warum man Frust nicht wegessen kann

Aus dem Französischen
von Kristiana Ruhl

ARISTON

Die Originalausgabe erschien 1999 unter dem Titel
*Arrêtez de manger vos émotions* bei Les Éditions
Québecor, Outremont/Québec, Kanada

Die Deutsche Bibliothek – CIP-Einheitsaufnahme
Vincent, Louise
Trost aus dem Kühlschrank : warum man Frust nicht wegessen
kann / Louise Vincent. Aus dem Französischen von Kristiana Ruhl.
– Kreuzlingen ; München : Hugendubel, 2001
(Ariston)
ISBN 3-7205-2247-4



Umschlaggestaltung: Zembsch' Werkstatt, München
Redaktion: Verlagsbüro Oliver Neumann, München
Produktion: Maximiliane Seidl
Satz: EDV-Fotosatz Huber/Verlagsservice G. Pfeifer, Germering
Druck: Druckerei Huber, Dießen
Printed in Germany

ISBN 3-7205-2247-4

# INHALT

# EINFÜHRUNG

Dieses Buch erhebt keinerlei Absolutheitsanspruch. Ich bin weder Ärztin noch Ernährungswissenschaftlerin, noch Psychologin. Ich bin nur eine Frau wie viele andere, die oft ihren Frust in sich hineingefressen und sich eines Tages gefragt hat, ob die Waage kaputt ist.

Wie die meisten Menschen habe ich in meinem Leben viel Freude, aber auch Schmerz und schwierige Momente erlebt. Unabhängig davon, ob es sich um ein Freudenfest handelte oder darum ging, Kummer zu bewältigen – häufig suchte ich Trost beim Essen und bereute es einige Minuten später schon wieder. Mit der Arbeit an diesem Buch, dem Ergebnis von Gedanken, Recherchen, Erinnerungen und Berichten von Betroffenen, habe ich mich, offen gestanden, in gewisser Weise selbst einer Art Therapie unterzogen. Ich würde lügen, wenn ich behauptete, dass ich nie wieder aus emotionalen

Gründen essen werde. Fest steht hingegen, dass ich die Dinge mit anderen Augen betrachte. Seit einigen Jahren habe ich in dieser Hinsicht große Fortschritte gemacht, weil ich Mittel und Wege gefunden habe, diese schlechte Angewohnheit zu besiegen.

Es ist nicht meine Absicht, dieses Buch zur Fastenbibel zu erklären, und ich will damit auch keine wissenschaftliche Abhandlung vorlegen. Ich hatte einfach das Bedürfnis, mich dem Thema mit einer gewissen Portion Humor zu nähern ... Hoppla, da wären wir schon wieder beim Essen!

Noch ein ernsteres Wort zum Schluss dieser Einführung. Wenn das Buch auch nur einem Menschen hilft, hat sich die Arbeit bereits gelohnt. Viele von Ihnen werden eigene Verhaltensweisen wiedererkennen und ich wage zu hoffen, dass Sie beim Lesen auch Spaß haben. Doch vor allem hoffe ich, dass dieses Buch für Sie ein nützliches Werkzeug ist. Dass es Ihnen nach der Lektüre besser gelingt, Essen und Gefühle voneinander zu trennen und der Zukunft optimistisch entgegenzusehen.

# 1
# WENN DER FRUST ZUM FRESSEN FÜHRT

Wie viele andere Frauen habe auch ich mir immer mehr oder weniger bewusst Sorgen wegen meines Gewichts gemacht – vor allem in den letzten Jahren, das will ich Ihnen gar nicht verheimlichen. Wer kennt das nicht: Man steht morgens auf und stellt sich in der verzweifelten Hoffnung auf die Waage, dass sich die kleine Ausschweifung vom Vorabend nicht niederschlägt ... Eine vergebliche Hoffnung! Man schwört sich, den Tag über aufzupassen, nur Salat oder kleine Mahlzeiten zu sich zu nehmen. Doch dann stürzt man sich gierig auf eine kleine Leckerei, manchmal sogar ohne zu wissen, warum. Unsere Gefühle spielen uns einen Streich und wir können dem Ruf des Futters nicht widerstehen. Schrecklich, nicht wahr?

Nach den üblichen Maßstäben – also nicht denen von Topmodels wie Claudia Schiffer – war ich nie »dick« und neige auch nicht zur Fettleibigkeit.

Gut, ich habe vielleicht ein paar Kilo zu viel, aber was soll's ... Früher musste ich mir wegen meines Gewichts keine Gedanken machen. Bis ins Teenageralter hinein gehörte ich eher zur mageren Sorte Mensch. Als junge Erwachsene konnte ich essen, was ich wollte, ohne zuzunehmen. So aß ich, wie es mir meine Gefühle einflüsterten, und setzte doch kein einziges überschüssiges Kilo an. Erst als ich die Dreißig überschritten hatte, begann sich das niederzuschlagen. Kulinarische Ausrutscher bleiben mir seitdem an den Hüften haften. Wenn ich weiß, dass ich mit einem allzu kalorienreichen Mahl über die Stränge geschlagen habe, versuche ich, am nächsten Tag weniger oder etwas besonders Leichtes zu essen. Meistens funktioniert das, aber an manchen Tagen vergisst man die schönsten Vorsätze. Schließlich sind wir nicht unfehlbar.

## Ach, Sie Glückliche!

Essen, ohne zuzunehmen – ist das möglich? Das ist die große Frage, die sich alle Frauen stellen. Wie sehr wünschten wir, ohne Stress essen zu können, was wir wollen, und nicht gleich befürchten zu müssen, dass der Rock, den wir vor zwei Monaten gekauft haben, nicht mehr passt!

Ich hatte einmal eine Kollegin, die regelrecht ein Phänomen war: Sie konnte in sich hineinschlingen, was sie wollte, und nahm kein Gramm zu. Sie war groß und schlank und ich habe sie ein bisschen im Verdacht, dass sie sich in der Kantine einen Spaß daraus machte, besonders kalorienreiche Sachen auf ihren Teller zu laden, um uns zu ärgern. Wenn man sie fragte, wie sie es schaffe, schlank zu bleiben, erwiderte sie scherzend, dass sie jeden Abend mit ihrem Mann Sex habe ... Ich kenne einige Frauen, die diesen Mann oder einen ähnlich leistungsfähigen gern kennen gelernt hätten. Unnötig hinzuzufügen, dass wir unsere Kollegin beneideten. Wir trösteten uns mit dem Gedanken, dass sie eines Tages (vielleicht mit vierzig?) dieselben Probleme haben würde wie wir, weil entweder ihr Stoffwechsel oder ihr Mann nachlassen würde.

Wir alle haben irgendwann einmal eine solche Person getroffen. Doch vor allem kennen wir Frauen, die mit Gewichtsproblemen kämpfen. Manche leben nach einer strengen Diät, andere wissen, dass sie Junkfood und Zucker eigentlich weglassen müssten, und versuchen immer wieder mehr schlecht als recht, ein paar überflüssige Kilo loszuwerden. Jede

Frau kennt eine Geschlechtsgenossin, die rigoros Diät macht und dabei vielleicht sogar mehr als zehn Kilo verliert, diese zehn Kilo ein paar Wochen oder Monate später aber wieder drauf hat. Oder sogar etwas mehr. Ginette, eine Freundin von mir, ist so jemand.

## »Ich habe alles wieder zugenommen ...«

»Eine Zeit lang habe ich mich von Flüssigproteinen ernährt und dabei zehn Kilo abgenommen. Es war nicht leicht; ich musste mich auf jede erdenkliche Weise motivieren. Aber ich habe es geschafft. Es gelang mir sogar, mein Gewicht zu halten – zwei Wochen lang. Dann verlor ich meinen Job. Das hat mich vollkommen aus dem Gleichgewicht gebracht, auch weil ich überhaupt nicht damit gerechnet hatte. So war es noch viel schwieriger zu akzeptieren. Damals lebte ich allein. Plötzlich hatte ich Angst vor der Zukunft. Und eines Nachmittags platzte die Bombe. Ich ging in eine Konditorei und kaufte eine Geburtstagstorte für acht Personen.

Zu Hause aß ich in rund zwanzig Minuten etwas mehr als die Hälfte davon und dazu noch ein

Eis. Oh, wie gut tat das! Beim Essen dachte ich, dass das, was ich da machte, keinen Sinn hatte. Die ganzen Mühen der letzten Wochen waren umsonst! Ich wollte die Torte nehmen und in den Müll werfen. Aber die Lust war stärker als ich. Es war fast so, als wäre ich besessen! Das änderte sich auch in der Zeit danach nicht. Nachdem ich mir zwei Monate später eine neue Arbeit gesucht hatte, beschloss ich, zum Arzt zu gehen. Ich wollte das Problem ein für alle Mal lösen, weil ich natürlich die ganzen Kilo, die ich mühsam heruntergehungert hatte, wieder ansetzte.«

Ganz offensichtlich war der Verlust ihrer Stelle ein schwerer Schock für Ginette und sie konnte nicht anders, als ihren Gefühlen durch übermäßiges Essen zu begegnen.

## Essen, was einem in die Finger kommt

Essen, um Gefühle auszugleichen – das kenne ich auch. Manchmal überfällt mich ein plötzlicher Heißhunger, dem ich selten widerstehen und den ich in den meisten Fällen nur mit Gebäck oder Schokolade stillen kann. Das passiert zu Hause, im

Büro oder unterwegs im Auto – kurz, überall. Oft begreift man nicht sofort, woher diese Gier auf einmal kommt. Manchmal weiß man aber auch genau, was die Fresslust zu bedeuten hat. Häufig entsteht sie, zumindest bei mir, durch ein unbewusstes Verlangen, sich zu rächen, einen Mangel auszugleichen oder Ärger zu entkommen.

Passiert es Ihnen auch manchmal, dass Sie zu Hause plötzlich das unwiderstehliche Bedürfnis verspüren, etwas zu essen? Sofort eilen Sie in die Speisekammer und verschlingen wahllos, was Sie in die Finger bekommen. Ich habe so etwas schon öfter erlebt.

Einmal, es war früh am Abend und ich war allein zu Hause, fraß ich Chips, Käse, Schokoladenkekse, einen Jogurt und ein Marmeladebrot schneller in mich hinein, als es dauert, das niederzuschreiben. Sie können sich vorstellen, dass mein Magen verrückt spielte, als ich mich an diesem Abend ins Bett legte ... Außerdem schämte ich mich. Ich begriff nicht, was in mich gefahren war, solch eine Orgie zu veranstalten.

Als ich mir am Tag darauf über die Ursachen für mein Verhalten Gedanken machte, kam ich zu dem Schluss, dass es auf zwei Hauptfaktoren zurückzuführen war. Zum einen war da meine Beziehung zu einem Mann, der mich ziemlich rücksichtslos behandelte und mich enttäuschte. Er sorgte unablässig für Stress und vor allem für Unzufriedenheit. Hinzu kamen finanzielle Probleme, die mich zu dieser Zeit um den Schlaf brachten. Daraus speiste sich die Angst, die mich verfolgte. Ohne Zweifel hatten mich diese beiden Probleme, die mich bereits seit einigen Wochen beschäftigten, zu der Fressattacke getrieben.

Zum Glück habe ich Situationen wie diesen Anfall von Bulimie nur sehr selten erlebt. Aus diesem Grund bin ich auch nie zum Arzt gegangen. Ich hielt mich nicht für eine echte Bulimikerin im pathologischen Sinne. Wir werden an anderer Stelle noch von Bulimie sprechen. Vor allem aber werden wir sehen,welche Kniffe und Listen ich in den letzten Jahren entwickelt und angewandt habe, um solche Fressanfälle in den Griff zu bekommen.

## Der Faktor Langeweile

Man könnte seitenweise darüber schreiben, welche Verhaltensweisen Frauen annehmen, wenn sie unter Stress stehen oder in Situationen geraten, die sie zum Essen »zwingen«. Genauso interessant ist es aber zu überlegen, *warum* sie sich so verhalten.

Da sind zunächst die ganz normalen Alltagssorgen: Ärger mit Mitmenschen, finanzielle Probleme, Konflikte in der Familie oder unangenehme Überraschungen wie ein Strafzettel. Doch ein weiterer wichtiger Grund, weshalb Frauen die Nahrung zu Hilfe rufen, ist die Langeweile.

Stellen Sie sich folgende Situation vor, die Sie sicherlich schon einmal selbst erlebt haben: Sie sind allein zu Hause und wissen nicht so recht, was Sie machen sollen. Also rufen Sie jemanden an, den Sie mögen, erreichen aber nur den Anrufbeantworter. Weil Sie sich langweilen, öffnen Sie die Tür zum Kühlschrank und überlegen, was Sie essen könnten. Das ist ein banales Beispiel, aber ein klassisches Szenario, das ziemlich häufig vorkommt.

## Der Kühlschrankreflex

Wie viele andere Teenager hatte meine Tochter Julie lange Zeit folgende Angewohnheit: Sobald sie zur Tür herein war, öffnete sie den Kühlschrank und suchte nach etwas, das sie sich zwischen die Kiemen schieben konnte. Sie posierte regelrecht vor dem Kühlschrank, als hätte sie darauf gewartet, dass ihr die Lebensmittel in die Arme springen.

Die meisten Menschen, die das tun, auch meine Tochter, essen am Ende nichts, denn im Grunde haben sie gar keinen Hunger. Sie tun es nicht, weil sie hungrig sind, sondern schlicht und einfach aus Langeweile. Einmal überlegte ich, ob ich den Inhalt des Kühlschranks fotografieren und das Bild an die Tür kleben soll ... Auf diese Weise hätte Julie es sich sparen können, die Tür aufzureißen, die dann nicht jedes Mal unnötigerweise sekundenlang offen gestanden hätte.

Ich kenne lebenslustige Menschen, die sich in Gesellschaft bestens amüsierten. Doch sobald sie die Wohnungstür hinter sich schlossen, langweilten sie sich zu Tode und suchten jeden nur möglichen Vorwand, um das Haus wieder zu verlassen. Diese Leute lebten allein, langweilten sich daheim und suchten die Gesellschaft anderer. »Wenn ich nach Hause kam und nicht gerade etwas Bestimmtes erledigen musste, hatte ich immer den Reflex, den Kühlschrank zu öffnen. Oft beschloss ich, wenn ich nichts zufrieden Stellendes gefunden hatte, essen zu gehen, einfach weil ich keine Lust hatte, allein zu Hause zu sein«, erzählte mir Denis.

Tatsächlich ist es so, dass man, wenn man nicht gern zu Hause ist, eher das Weite sucht, als etwas zu verändern. Die Wohnung gefällt einem nicht mehr, man fühlt sich nicht wohl darin. Genauso häufig kommt es vor, dass man gleich reflexartig zum Kühlschrank geht oder den Fernseher einschaltet, nachdem man heimgekommen ist. Diese Gewohnheiten sind fest in unserem Alltag verankert. Es sind Verhaltensweisen, die wir hunderttausende Male geübt haben.

Und genau diese Verhaltensweisen gilt es zu ändern, wenn man eine gesunde Lebensweise anstrebt. Es ist nicht normal, Langeweile mit Essen zu kompensieren. Normal wäre es, den Finger auf die Wunde zu legen, herauszufinden, warum man sich langweilt, und den Missstand zu beseitigen.

Ihnen gefällt Ihre Wohnung nicht mehr? Nehmen Sie einen Malerpinsel zur Hand und gehen Sie an die Arbeit! Sie können auch Möbel umstellen, eine Entspannungs- oder Leseecke einrichten oder ein paar Wohnaccessoires besorgen, die die Räume aufpeppen und gleichzeitig Ihre Laune heben.

Sie leben nicht gern allein? In diesem Fall müssen Sie zunächst eine wichtige Frage klären: Wären Sie glücklicher, wenn Sie mit jemandem zusammen wohnen würden? Wäre es denkbar, mit einer Freundin zusammenzuziehen, eine Untermieterin zu suchen oder vielleicht eine Verwandte aufzunehmen? Es liegt an Ihnen, eine Lösung zu finden und die Ursache für Ihre Langeweile zu beseitigen.

## Unzufriedenheit ist negative Energie

»Bei mir ist es ganz einfach: Ich finde mein Leben langweilig!« Diesen Satz haben Sie sicherlich schon ebenso oft gehört wie ich. Vielleicht haben Sie ihn selbst mal ausgesprochen? Ja? Schon öfter? Dann handelt es sich nicht mehr nur um schlichte Langeweile, sondern um eine tiefe Unzufriedenheit. Sie untergräbt Ihre Moral und führt dazu, dass Sie Ihren Frust buchstäblich in sich hineinfressen. Unzufriedenheit kann in allen Bereichen auftreten. Sie könnten mit Ihrer Arbeit unzufrieden sein, mit Ihrem Liebesleben, Ihrer sozialen Lage, Ihren Freunden, Ihren Hobbys oder Ihrer finanziellen Situation. Oder einfach mit sich selbst.

Wenn Sie sich der Gründe für Ihre Unzufriedenheit bewusst werden, ist das schon ein Schritt in die richtige Richtung. Wenn es zu viele sind, türmen sie sich vielleicht vor Ihnen auf wie ein unüberwindbarer Berg. Aber keine Angst, Sie werden weiter unten Tricks finden, mit deren Hilfe Sie lernen, ein Problem nach dem anderen zu lösen. Zunächst jedoch müssen Sie herausfinden, warum Sie aus Frust essen. Und Sie müssen zutiefst überzeugt davon sein, dass Sie Ihr Verhalten wirklich ändern wollen, um sich wieder richtig wohl in Ihrer Haut fühlen zu können.

Manche Dinge brauchen Zeit. Man kann seine soziale Situation nicht von heute auf morgen verändern. Wenn Sie sich aber, wie ich zum Beispiel, selbst hässlich finden, und sich einreden, dass Sie letzten Sommer viel hübscher und vor allem viel dünner waren – dagegen können Sie sofort etwas unternehmen und dann werden Sie innerhalb kürzester Zeit etwas ändern.

Ich erinnere mich, dass ich öfter bei dem Versuch ausrastete, eine Hose anzuziehen, die ich kaum noch zubekam. Manchmal gab ich auch auf, weil ich merkte, dass es sinnlos war. Ich sagte mir: Jetzt ist's genug, ich bin zu fett geworden und alle um mich herum haben das sicher längst gemerkt. Ich kann Ihnen sagen, diese Erkenntnis kratzt am Ego. Genau diese Gefühle – Scham, Wut, Abscheu – sorgen dafür, dass wir uns einer Diät unterziehen. Wenn ich daran denke, wie ich mich aufs Bett legte, um die Hose zuzubekommen ... Schon merkwürdig, dass man selbst in einer solchen Situation mit einem Auge auf Chips, Schokolade und andere Dickmacher schielt!

Auch wenn persönlich oder beruflich bedingte Unzufriedenheit eine große Rolle spielen, so ist doch das Liebesleben eine der häufigsten Quellen für Stress und Spannungen. Dazu kommen wir im 2. Kapitel.

## PMS – ein nicht zu vernachlässigender Faktor

Das prämenstruelle Syndrom betrifft viele Frauen. Ein oder zwei Tage (manchmal auch mehr) vor Beginn der Regelblutung ist man überempfindlich und möchte manchmal sogar in Tränen ausbrechen, ohne genau zu wissen, warum. Probleme? Frust? Unmittelbar vor der Regel kommt uns alles unüberwindlich vor. Wenn Ihr Zyklus Sie so im Griff hat, sollten Sie an diesen Tagen nicht unbedingt wichtige Entscheidungen treffen.

Wenn Sie dann auch noch einen Partner haben, der grübelt, was mit Ihnen los ist (glücklicherweise ist das bei mir nicht der Fall!) und warum Sie so nervös und empfindlich sind – schließlich kann er nicht von allein darauf kommen, in welchem Seelenzustand Sie sich befinden –, wird die Situation noch unerträglicher. Nehmen Sie sich Zeit, um mit ihm darüber zu reden und ihm zu erklären, wie Sie sich fühlen. Wenn er ein Mindestmaß an Intelligenz besitzt, wird er Verständnis zeigen. Es liegt auf der Hand, dass Frauen, die dazu neigen, aus emotionalen Gründen zu viel zu essen, in dieser Zeit besonders gefährdet sind.

## Heimarbeit

In den letzten Jahren hat sich die Arbeitswelt stark verändert. Es gibt immer mehr Freiberufler und immer mehr Menschen haben ihren Arbeitsplatz zu Hause. Natürlich ist man dort, selbst wenn man arbeitet, eher gefährdet, häufiger zu essen, als im Büro. Eine Umfrage von 1996 in dem US-Magazin *Income Opportunities* ergab, dass ein Drittel der Freiberufler zugenommen hatte, seit sie überwiegend am häuslichen Schreibtisch tätig waren. Statistiken lügen nicht und es besteht kein Zweifel, dass sich diese Entwicklung seit 1996 noch verschärft hat. Man muss Selbstdisziplin entwickeln und konsequent bleiben. Gewohnheiten, die sich mit der Veränderung des beruflichen Umfelds ausbilden, können verhängnisvoll sein – das muss einem von vornherein klar sein.

Stellen Sie sich folgende Szene vor: Sie sitzen am Schreibtisch, den Monitor vor sich. Irgendwann haben Sie ein Motivationsloch und die Arbeit wird immer mühsamer. Der richtige Moment für eine kleine Atempause. Was, glauben Sie, tun Sie in dieser Pause? Es ist immer derselbe Reflex: Man öffnet den Kühl- oder den Vorratsschrank und überlegt, was den Geschmacksnerven jetzt gefallen könnte.

Für viele Menschen, die zu Hause arbeiten, ist die Gefahr, im Kühlschrank oder in der Küche zu stöbern, allgegenwärtig. Es ist eine Versuchung, der man nur schwer widerstehen kann. Wenn das auf Sie zutrifft, sollten Sie so tun, als wären Sie in einem Büro. Setzen Sie sich Ziele, richten Sie feste Arbeitszeiten ein und zwingen Sie sich, nur zu den üblichen Zeiten zu essen. Wenn Sie die Lust dennoch überkommt und Sie so großen Hunger haben, dass Sie glauben, Sie müssten das »Loch im Bauch« unbedingt füllen, um weiter produktiv sein zu können, greifen Sie am besten zu einem Trick, um nicht schwach zu werden.

Zu Hause zu arbeiten ist ja nichts Neues. Denken wir an unsere Mütter, die selbstständigen Arbeiterinnen, die den ganzen Tag nur zu Hause waren, den Haushalt machten, sich um die Kinder kümmerten und deshalb auch noch belächelt wurden. Verschieben sich die Wertigkeiten, weil zunehmend auch Männer zu Hause arbeiten? Denn heute schenkt man dieser Art von Arbeit enorme Aufmerksamkeit. Es wird als großes Problem erachtet, dass Heimarbeiter so leicht Zugang zu Lebensmitteln haben. Aber was war mit unseren Müttern? Waren sie so im Stress, dass sie keine Gelegenheit hatten, aus Lust oder Frust zu essen? Oder hatten auch sie schon das Bedürfnis, sich auf den Kühlschrank oder die Speisekammer zu stürzen? Wahrscheinlich ging es ihnen wie uns. Auch sie kannten solche Fressanfälle. Zumal das Essen früher reichhaltiger war.

Ich erinnere mich, dass ich während meiner Schulzeit jeden Mittag zu Hause aß. Meine Mutter kochte für meine kleine Schwester, meinen Bruder und mich. Das Essen war immer zur selben Zeit fertig und köstlich. Stundenlang stand meine Mutter am Herd und ich bin sicher, dass der Kampf für sie ziemlich hart war. Deshalb muss man bei der Arbeit Selbstdisziplin entwickeln, seine Zeit einteilen und etwas unternehmen, was einen von der Küche ablenkt.

Vorsicht: Auf gar keinen Fall Süßigkeiten zwischen der Wäsche oder im Bücherregal verstecken! Ich hatte lange Zeit ein solches Versteck in der Tasche einer Jacke, die ich nicht oft trug und die an der Garderobe hing. Heute habe ich kein Versteck mehr. Inzwischen werde ich genauestens beobachtet. Meine Verbündeten haben mich stets im Auge, und um ehrlich zu sein, ich bin ihnen dafür sehr dankbar.

## Essen und andere Ersatzhandlungen

Manche essen aus Frust oder Langeweile, manche wiederum bedienen sich anderer Mittel, um Stimmungsschwankungen auszugleichen. Claudine, eine Arbeitskollegin von mir, war ein sehr nervöser Mensch. Das zierliche Persönchen war ständig in Bewegung und redete ununterbrochen. Wenn irgendein Problem auftauchte oder wenn sie uns von

Schwierigkeiten mit ihrem Mann erzählte, rauchte sie eine Zigarette nach der anderen. Einmal habe ich sie beobachtet, wie sie nach einem Telefonat mit ihm wütend den Hörer aufknallte und sich auf ihre Zigaretten stürzte, als hinge ihr Leben davon ab. Mit zittrigen Fingern steckte sie sich eine an und nach einem tiefen Zug schien sie Haltung und Ruhe wiedergefunden zu haben. Claudine rauchte sicher fast zwei Schachteln am Tag. Sie hätte gern aufgehört. Aber sie rauchte weiter, weil ihr Mann ein Mistkerl war. Sie rauchte seinetwegen.

Was sind das für Frauen, die wie Claudine immer gute Gründe finden, ihren Frust in sich hineinzufressen? Sie suchen die Schuld bei anderen. Ich verstehe sehr gut, wenn man einen Mangel an Verständnis, Liebe oder Respekt von Seiten seiner Mitmenschen kompensieren möchte. Doch man muss einen Mechanismus finden, der einen wachsen lässt, statt einen zu zerstören. Claudine gab ihrem Mann alle Schuld. Wenn sie erkannt hätte, dass sie ihm einen viel zu großen Einfluss auf sich zugestand, hätte sie schon einen Schritt nach vorn getan. Sie hätte die Kontrolle über ihr Verhalten und dadurch auch über das Verhalten ihres Mannes gewonnen. Zweifellos brauchte sie ihn, um mit dem Rauchen aufzuhören, was sie bereits seit Jahren vorhatte. Doch dazu musste er erst einmal begreifen, was sie empfand, wenn er ihr beistehen wollte.

Man kann sich Verantwortung bis zu einem gewissen Punkt mit Mitmenschen teilen, insbesondere mit dem Lebenspartner. Im Lauf der Zeit entwickelt sich so eine Komplizenschaft, die in heutigen Partnerschaften leider nur selten zu beobachten ist.

## Zwanghaftes Einkaufen

Wieder andere Menschen geben sich nicht dem Frustfressen oder -rauchen hin, sondern kaufen zwanghaft Dinge. Im Sturm der Gefühle eilt man in ein Geschäft. Kein Geld dabei? Nicht weiter schlimm, denn dank der Kreditkarte kann man das spontane Bedürfnis, mit tausend Tüten heimzugehen, trotzdem befriedigen. Die Freundin eines Freundes von mir hatte diese Angewohnheit.

Sie gehörte nie zu der Sorte Mensch, die im Essen Trost findet. Umwälzungen in ihrem Leben – die nach dem Ende einer Beziehung immer reichlich auftreten – bewältigte sie, indem sie einkaufen ging. Ich weiß, dass sie sich sogar Geld lieh, um dieses Bedürfnis zu befriedigen. Für sie war es ein zwanghafter Drang geworden. Keine Woche verging ohne Einkäufe – ein Schmuckstück, ein Pullover oder einfach Dinge für die Wohnung. Jeden Donnerstagabend nach der Arbeit schlug für sie die Stunde des Einkaufs!

Als ich sie kürzlich darauf hinwies, dass sie auf diese Weise ihren Frust in sich hineinfresse, erwiderte sie, sie sei nicht unglücklich. In ihrem Leben sei alles in Ordnung, das wisse ich ja. Doch die allwöchentlichen Shoppingabende seien für sie unverzichtbar geworden und niemand könne sie von diesem Vergnügen abbringen. Es liegt mir fern, ein Urteil über diese Frau zu sprechen. Aber ich könnte mir vorstellen, dass sie eines Tages lernt, ihren Trieb zu kontrollieren. Oder aber ihr Bankbetreuer setzt sie irgendwann auf Diät.

## Frust verdirbt den Appetit

Sicher kennen auch Sie Menschen, die bei emotionalen Problemen den Appetit verlieren. Als Reaktion auf eine Situation verwandeln sie sich plötzlich in Magersüchtige. Nach einem Schicksalsschlag, dem Verlust einer geliebten Person, bei Liebeskummer oder Existenzangst können sie nichts mehr zu sich nehmen. Die Nahrung bleibt ihnen buchstäblich im Hals stecken. Das kann einige Stunden, aber auch Tage oder gar Wochen dauern. Man gewinnt den Eindruck, als würden diese Menschen nie wieder etwas essen! Von einem Extrem zum anderen.

Folgende Geschichte hat mir eine Freundin erzählt. Es geht um eine Frau namens Claire und ihre 17-jährige Tochter Hélène. »Meine Tochter hatte seit zehn Monaten einen Freund und schien auf Wolke sieben zu schweben. Sie war so verliebt wie noch nie in ihrem Leben. Charles war der Mann ihres Lebens, daran gab es keinen Zweifel. Dann, eines Abends, kam Hélène nach Hause. Ganz gegen ihre Gewohnheit begrüßte sie mich nicht, sondern ging schnurstracks in ihr Zimmer, ohne ein Wort zu sagen. Ihr Verhalten sagte mir, dass irgendwas nicht stimmte. Ich fand sie weinend auf dem Bett. Sie erzählte, ihr Freund habe gestanden, dass er sie betrogen hätte. Er hatte wegen eines anderen Mädchens, in das er unsterblich verliebt war, mit ihr Schluss gemacht.«

Eine Woche lang war Hélène unfähig zu essen. Claire begann, sich Sorgen zu machen. Man sagte ihr, sie solle sich nicht aufregen, Hélène werde irgendwann schon wieder anfangen zu essen. »Ich habe versucht, ihr ins Gewissen zu reden«, berichtete Claire, »ich habe ihr Sachen gekocht, die sie normalerweise verschlingt, aber es war nichts zu machen. Sie setzte sich mit mir an den Tisch, aber sie rührte ihren Teller praktisch nicht an, sondern stocherte nur mit der Gabel ein wenig im Essen herum. Wenn sie einen oder zwei Bissen aß, war das schon viel. Oft wirkte sie gedankenverloren und abwesend. Fast immer hatte sie Tränen in den Augen. Dann stand sie vom Tisch auf und verzog sich ins Wohnzimmer oder in ihr Zimmer. Ich versuchte, mit ihr zu reden, ihr zu sagen, dass sie ihr ganzes Leben noch vor sich hat, dass sie hübsch und intelligent ist und sich noch jede Menge anderer Jungs für sie interessieren werden – aber ich hätte ebenso gut gegen eine Wand reden können. Hélène sagte nur immer wieder, sie habe keinen Hunger. ›Ich habe zu viele Schmerzen, um zu essen, ich bekomme nichts runter.‹

Eines Abends fast eine Woche später begann sie wieder zu essen. Am Nachmittag hatte sie mit ihrer besten Freundin Videospiele gespielt und gelacht – das war der Auslöser. Zum ersten Mal seit dem Ende ihrer Beziehung blickte Hélène wieder fröhlich drein. Ihre Freundin hatte die Worte gefunden, die ihr halfen, über die Trennung hinwegzukommen und einen Schlussstrich zu ziehen. Es war auch wirklich Zeit, dass sie wieder anfing zu essen. Ich war bereits so in Sorge, dass ich drauf und dran war, mit ihr einen Psychologen aufzusuchen.«

Was für eine traumatische Erfahrung! Wie stark unsere Gefühle unser Verhalten und unser Urteilsvermögen doch beeinflussen.

Nathalie, eine Freundin meines Mannes, machte eine ähnliche Erfahrung und erklärte sich bereit, mir davon zu erzählen. »Guy hatte mich verlassen und ich war so außer Fassung, dass ich das ganze Leben satt hatte. Ich ließ nichts mehr an mich heran, war vollkommen teilnahmslos. Mein Ekel dem Leben gegenüber übertrug sich auf das Essen. Ich aß nichts mehr, zumindest fast nichts. Um zu überleben – ich wusste natürlich, dass ich Probleme bekommen würde, wenn ich nichts zu mir nahm –, aß ich abends vor dem Schlafengehen eine Schale Müsli. In knapp zwei Monaten verlor ich über zehn Kilo. Ich wusste, dass ich so nicht weitermachen konnte. Also unterzog ich mich einer Psychotherapie, die aber nicht griff. Dann ging ich zu einem Psychiater. Bei ihm bekam ich eine umfassende Behandlung mit appetitanregenden Medikamenten. Ganz langsam begann ich wieder zu essen. Ich bin jetzt über den Berg und habe auch meine Beziehung mit Guy verarbeitet.«

Wenn Sie ähnliche Probleme haben, empfehle ich Ihnen, umgehend einen Spezialisten aufzusuchen – vielleicht zunächst Ihren Hausarzt –, der Ihnen hilft, Lösungen zu finden, damit Sie sich nicht noch weiter verstricken.

## Und die Männer?

Es wird viel davon gesprochen, dass Frauen Frust durchs Essen kompensieren. Ich glaube aber nicht, dass die Männer gegen diese Gefahr gefeit sind. Auch für sie kann Nahrung eine Quelle der Befriedigung sein. Allerdings weiß ich aus Erfahrung, dass sie etwas anders reagieren. Ich kenne einen Jungen, der erst einmal ein oder zwei Gläser Bier trank, wenn er nervös wurde, vor allem, als es mit den Mädchen anfing. Dadurch wuchs sein Selbstvertrauen. Zweifellos gibt es viele Menschen, vor allem Männer, die sich cool und selbstbewusst trinken.

Man trinkt zum Vergnügen, aber auch aus Langeweile, um das Selbstvertrauen zu stärken, um sich zu beruhigen oder zu entspannen. Meine Freundin Andrée erzählte: »Heute ist es nicht mehr so, aber eine Zeit lang hatte mein Mann die Angewohnheit, nach Feierabend erst mal ein oder zwei Bier zu trinken, vor allem wenn er viel Arbeit hatte. Und zwar sofort! Er zog die Schuhe aus, ließ sich mit dem Glas in der Hand in seinen Sessel fallen und dann redeten wir darüber, wie der Tag gewesen war. Für ihn war es eine Möglichkeit, die Spannung von sich abfallen zu lassen, er sagte, es beruhige ihn. Dann gewöhnte er es sich wieder ab, von einem Tag auf den anderen, als er wieder weniger Stress in der Arbeit hatte und Spaß an seinem Job entwickelte. Vielleicht hat auch meine Bemerkung dazu beigetragen, dass er langsam einen Bierbauch bekomme. Am Ende haben wir beide begriffen, dass dieses Bedürfnis nach kleinen Feierabendbieren kein Zufall war.«

Alkohol ist auch für nervöse, ängstliche oder gestresste Frauen oft ein Mittel der Befriedigung. Die Gründe, die sie zum Trinken bringen, sind in etwa die gleichen wie beim Essen. Jede hat ihre eigene Methode, sich zu beruhigen, Defizite auszugleichen. Doch Alkohol, Tabak oder Drogen sind unbedingt zu meiden, weil sie verheerende Folgen haben können. Deshalb ist es so wichtig, seine Gefühle in den Griff zu bekommen und andere Befriedigungsmechanismen zu finden, die gesünder sind.

## Aus dem Weg!

So mancher Mensch sucht Trost bei Drogen oder Medikamenten. Sie kennen aber sicher auch jemanden – höchstwahrscheinlich einen Mann –, der das Lenkrad seines Autos benutzt, um Stress, Anspannung oder Nervosität abzubauen.

Diese »Straßenrambos« kommen abends aus dem Büro, setzen sich ans Steuer – und verwandeln sich in beißwütige Monster, die die waghalsigsten Manöver durchführen, um sich einen Weg durch die Blechlawine zu bahnen. Manche sind von Natur aus aggressiv und haben Probleme, sich im Zaum zu halten. Aber auch Männer, die normalerweise eher zurückhaltend sind, werden zu Verkehrsrowdys. Was für ein Wahnsinn! Das Schlimmste aber ist: Aktuelle Studien belegen, dass mit der Zunahme von Fahrzeugen auf den Straßen auch die

Aggressivität der Fahrer steigt. Manche sind sogar bewaffnet und bereit, aus dem Auto zu springen, um einem anderen Verkehrsteilnehmer an die Gurgel zu gehen und ihrem Ärger Luft zu machen.

Aus einem oder mehreren Gründen frustriert, haben sie den Kopf voller Gedanken, die ihren Stresspegel auf dem Höchststand halten. Sie benehmen sich so, als würde die Straße ihnen gehören. Ihre Wut entlädt sich, wenn man sie mit einer unzweideutigen Handbewegung provoziert, beim Abbiegen zu blinken vergisst oder über die Straße geht und sie zu einer scharfen Bremsung zwingt. Man kann sich nicht vorstellen, wie gefährlich solche Höllenreiter manchmal werden. In ihrem Auto, ihrem Hauptquartier, fühlen sie sich wie die Herren der Welt. Wehe dem, der ihnen in die Quere kommt! Es ist verrückt, aber so geht es in vielen Fahrzeugen zu.

Zugegeben, es ist manchmal schwer, auf der Straße Ruhe zu bewahren, wenn man von Menschen umgeben ist, die nicht richtig fahren können oder riskante Aktionen wagen. Auch ich gerate in Zorn, wenn ich einen sehe, der mit einem Fuß auf dem Gas, mit dem anderen auf der Bremse steht und sich dabei auch noch ein Funktelefon ans Ohr drückt! Da fragt man sich wirklich, was diese Leute im Kopf haben, dass sie sich so benehmen und unnötige Risiken eingehen. Wie schnell verursachen solche Fahrer Unfälle, weil sie dem, was um sie herum vorgeht, keine Aufmerksamkeit schenken.

Claude ist so ein Fahrer, der gelegentlich auf der Straße zur Gefahr werden kann, weil er am Steuer Stress abbauen will. »Ich geb's zu. Wenn ich einen harten Tag hatte, wenn irgendwas Unangenehmes passiert ist oder mir etwas wirklich Sorgen macht, sage ich mir unbewusst: ›Zumindest lasse ich mich jetzt von niemandem aufhalten!‹ Wenn ich fahre, habe ich immer die Hand in der Nähe der Hupe, um sofort jedem, der nicht so fährt, wie ich mir das vorstelle, klarmachen zu können, was ich von seiner Fahrweise halte. Manchmal komme ich mir vor wie ein Polizist. Dann habe ich das Gefühl, ich muss die anderen darauf aufmerksam machen, dass sie gefährlich fahren! Einmal habe ich den Fahrer vor mir angehupt, damit er schneller fährt, aber er fand das nicht so toll, stieg aus und wollte mich verprügeln ... Da wurde mir klar, dass ich zu weit gegangen war. Weil ich nur eine große Klappe habe, bin ich so schnell wie möglich abgehauen.

Ich weiß, es ist verrückt. Aber wenn ich die Gelegenheit habe, einem anderen Fahrer mitzuteilen, was ich von ihm halte, erfüllt mich das mit Befriedigung. Dasselbe ist es, wenn ich einen überhole, der mir zu langsam fährt. Ich weiß genau, dass so was gefährlich sein kann, und ich versuche auch, mich zu beherrschen, aber es ist nicht immer leicht. Angestauter Frust, Probleme bei der Arbeit, all das wird zum Vorwand dafür, dass ich mich am Steuer austoben kann. Ich brauche wohl nicht zu betonen, dass ich noch ungeduldiger werde, wenn ich im Stau stecke, was ziemlich oft passiert.«

Da immer mehr Menschen in Vororten oder außerhalb der Städte wohnen und die Straßen immer öfter verstopft sind, ist es kein Wunder, dass man am Steuer ungeduldig wird. Man fühlt sich in solchen Situationen machtlos, auch wenn gar keine akute Bedrängnis vorliegt. Das Auto ist in der Stadt oft sinnvoll. Aber mir drängt sich schon die Frage auf, ob die öffentlichen Verkehrsmittel oder Fahrgemeinschaften mit Kollegen nicht doch eine Alternative wären. Auf diese Weise wäre die Zeit, die man im Verkehr feststeckt, wenigstens leichter zu ertragen.

»Wenn ich von einem Radiosender zum nächsten zappe, Musik höre oder eines meiner Lieblingslieder mitsinge, kann ich manchmal den Stress abstreifen und mich entspannen«, sagte Claude. »Aber dann reicht es schon, wenn ein anderer Fahrer ein Manöver unternimmt, das mir nicht passt, und mein Blut fängt wieder an zu kochen und der Frust kommt hoch.« Zu meinem großen Glück – Claude fand die Bemerkung amüsant – hatte ich noch nie das zweifelhafte Vergnügen, mit ihm Auto zu fahren. Diese Geschichte ist typisch für ihn, aber auch für viele seiner Bekannten, die wie er aggressiv werden, sobald sie ein Lenkrad halten.

Wenn Sie einen solchen Menschen kennen oder wenn vielleicht sogar Ihr Partner ähnliche Symptome zeigt, zögern Sie nicht, ihm zu sagen, was Ihnen missfällt oder dass Sie Angst haben. Schlimmstenfalls weigern Sie sich einfach, sich auf den Beifahrersitz zu setzen, und erinnern ihn an sein Verhalten. Jeder weiß, dass am Steuer manchmal eine einzige ungeduldige Handbewegung genügt, um einen schrecklichen Unfall zu verursachen.

## Körperliche und verbale Gewalt

Aggressivität im Verkehr ist eine Sache, Aggressivität dem Partner gegenüber eine andere. Zum Glück war ich noch nie in einer Situation, in der ich Opfer physischer Gewalt hätte werden können. Verbale Gewalt dagegen habe ich erlebt und die ist manchmal sogar noch gemeiner und schmerzhafter. Auch sie kann dazu führen, dass man den Frust in sich hineinfrisst. Ähnliches gilt für den, der seiner Wut verbal freien Lauf lässt. Sich so abzureagiern heißt letztlich nur, den Frust auf eine ziemlich traurige Weise in sich hineinzufressen.

Ich war einmal mit einem Mann zusammen, der sehr verletzend sein konnte. Er wusste, was er sagen musste, damit ich am Boden zerstört war. Wenn er frustriert war, wenn seine Geschäfte nicht zu seiner Zufriedenheit liefen oder wenn er sich nicht wohl fühlte, hatte seine Umgebung unter seinen verletzenden Bemerkungen zu leiden. Man kann sich noch so viel Mühe geben zu begreifen, was diese Menschen antreibt, man kann noch so eifrig versuchen, ihnen begreiflich zu machen, dass sie einem mit ihren Worten wehtun, das Resultat ist immer das Gleiche: Tränen oder Wutausbruch. Und dann sucht man ein Mittel gegen Traurigkeit oder Wut. Oft genug helfen nur Süßigkeiten.

Nach einer solchen Auseinandersetzung, aus der man selten als Sieger hervorgeht, ist das Selbstvertrauen meist auf dem Nullpunkt. Man fragt sich, weshalb man so einen Zorn verdient hat, und sagt sich: Wenn dieser »verbale Vergewaltiger« so weitermacht, bin ich bald am Ende. Die Gefahr ist noch größer, wenn Kinder da sind.

Diese Art Gewalt mit Gegengewalt zu beantworten, führt zur Eskalation. Das war nie meine Lösung. Sie wissen, dass schon wenige Worte genügen können, um Zweifel in einem zu säen und das oft zarte Pflänzchen Selbstbewusstsein zu zerstören. Auch ich bin schon in Wortschwällen untergegangen und ich kenne viele Frauen, deren Männer kein Blatt vor den Mund nehmen.

Wenn eine Frau versucht, einem verbal gewalttätigen Partner die Stirn zu bieten, weiß sie nie, ob er vor lauter Überraschung vielleicht noch wütender wird. Widerstand kann sogar dazu führen, dass er zuschlägt. Leider ist Gewalt in der Ehe wesentlich weiter verbreitet, als man meint. Wir wären erstaunt, wenn wir wüssten, was sich bei unseren Nachbarn so abspielt. Die Opfer körperlicher Gewalt tragen nicht unbedingt blaue Flecken im Gesicht. Und verbale Gewalt lässt sich noch schwieriger erkennen. Die Frauen müssen sich ihrer Lage bewusst werden und dann unbedingt versuchen, Hilfe zu finden, um sich daraus zu befreien.

Ich hatte das Glück, dass mir meine Familie und meine Freunde immer zur Seite standen. Im

Lauf der Jahre habe ich ein nie gekanntes Selbstvertrauen entwickelt. Seit zwei Jahren lebe ich glücklich mit meinem Mann zusammen. Ich wünsche Ihnen von ganzem Herzen, dass Sie das auch erleben.

## Im Chaos der Gefühle

Ich kenne Frauen, deren Männer sich an ihnen abreagieren und alles an ihnen abladen. Oft gehen dabei körperliche und verbale Gewalt Hand in Hand. Maryse, die eine Zeit lang mit einem solchen Mann zusammen war, berichtete: »Ich wusste schon, was passieren würde, wenn er zur Tür hereinkam. Wenn einer von uns schlechter Laune war, mussten wir uns anfassen wie rohe Eier. Wir wussten genau, es braucht nur einen Funken, damit die Bombe hochgeht. Manchmal versuchte ich es mit Tricks – zum Beispiel war ich besonders zärtlich –, um seine Stimmung zu heben und ihn zu beruhigen. Ich versuchte, ihm klarzumachen, dass er sich entspannen sollte, statt auf mich loszugehen.

Manchmal klappte das, aber manchmal nutzte er seinen aktuellen Frust, um irgendeine alte Geschichte wieder auszugraben, und dann war's aus. Nicht zu reden von den Tagen, wenn er angetrunken nach Hause kam, nachdem er mit einem Kumpel noch ein paar Gläser gekippt hatte. Statt ihn aufzuheitern, verstärkte der Alkohol seine Wut und Frustration nur. Es konnte nicht lange gut gehen. Irgendwann ertrug ich es nicht mehr, der Gnade eines Mannes ausgeliefert zu sein, der beim geringsten Anlass gewalttätig wird.«

Wenn uns Gewalt angetan wird – in welcher Form auch immer –, sprechen wir normalerweise nicht mit Verwandten oder Freunden darüber, weil wir fürchten, verurteilt zu werden. Meine Freundin hat mir ihre Geschichte nur unter der Bedingung erzählt, dass ich ihren Vornamen ändere – das habe ich übrigens bei zahlreichen anderen Berichten in diesem Buch auch getan. Sie brauchte eine gewisse Zeit, um zu erkennen, wie brutal der Mann werden konnte, mit dem sie ihr Leben teilte. Zu allem Überfluss führte sein Verhalten dazu, dass sie ihren Frust in sich hineinfraß. »Einmal zog er mich heftig am Arm. Ich sagte, er solle loslassen, weil er mir wehtue. Er meinte, er habe es nicht gemerkt, und entschuldigte sich tausendfach, während er mich mit Küssen bedeckte. Eines Abends war er schlechter Laune, weil er mit seinem Bruder gestritten hatte. Ich versuchte, ihn zu trösten, aber als ich ihn in den Arm nehmen wollte, schrie er mich wütend an: ›Lass mich in Ruhe!‹ und stieß mich so heftig von sich, dass ich stolperte und gegen den Kühlschrank knallte. Ich hatte richtig Angst vor ihm und wagte es nicht mehr, in seine Nähe zu kommen.«

Zum Glück reagieren nicht alle Männer gewalttätig, wenn sie ängstlich, nervös oder gestresst sind. Sicher suchen manche wie viele Frauen Befriedigung im Essen. Doch die meisten drücken ihren Frust auf wenig elegante Weise aus, kauen beispielsweise ihre Fingernägel, wenn sie gestresst sind.

An dieser Stelle möchte ich eine Klammer aufmachen und ein Geständnis ablegen: Letzteres galt auch für mich. Bis vor rund zwei Jahren habe ich bei der geringsten Spannung, bei Stress oder Ärger, Nägel gekaut, ohne mir dessen bewusst zu sein.

Doch kommen wir zu den Männern zurück. Unter Stress entwickeln Männer Ticks oder hüllen sich in Schweigen und das geht uns genauso auf die Nerven. Manche scheinen die Sprache vollständig zu verlieren und verstummen einfach. In der Regel wollen sie damit Aufmerksamkeit und Interesse erregen. Häufig spielen sie das Opfer und erwarten, dass ihre Partnerin sie mit viel Ruhe und Fingerspitzengefühl ausfragt, bis sie sich endlich öffnen und ihren Seelenzustand preisgeben. Manche Frauen haben die nötige Geduld, andere nicht. Jedenfalls ist es eine nicht zu unterschätzende Aufgabe, diesen Männern das Sprechen wieder beizubringen.

Ob nun bei Männern oder bei Frauen – die Varianten, mit Gefühlen selbstzerstörerisch umzugehen, sind vielfältig: Essen, Tabak, Alkohol, Drogen, asoziales Benehmen ... Wir flüchten uns in Gewohnheiten oder Verhaltensweisen, die zu Reflexen werden oder uns zumindest als Mittel dienen, um uns zu beruhigen. Es ist völlig normal, dass wir uns genau so verhalten, wie es unser von verschiedenen Emotionen torpediertes Hirn verlangt. Aber wenn wir davon ausgehen, dass wir unser Verhalten nicht ändern können, ist von vornherein alles verloren. Wenn ich so gedacht hätte, dann hätte ich sicher schon längst alles hingeschmissen, würde immer noch Nägel kauen (den kläglichen Rest, der mir geblieben wäre) und beim geringsten Anlass anfangen zu essen. Glauben Sie ab jetzt daran, dass Sie etwas ändern können. Dass Sie etwas tun können und nicht Opfer der Umstände sein müssen.

# 2
# AUF DER SUCHE NACH LIEBE

Die Liebe nimmt einen wichtigen Platz in unserem Leben ein. Ein tumultreiches und unbefriedigendes Liebesleben führt bei vielen Menschen dazu, dass sie im Essen Ersatz suchen. Manche Frauen essen, während sie nach Liebe suchen, um ihren Frust zu dämpfen und ihre Einsamkeit zu bannen. Andere wenden sich dem Essen zu, weil sie mit ihrer Beziehung unglücklich sind. Beide Typen haben ein Problem.

Leider ist die Liebe keine simple Angelegenheit. Wir alle kennen jede Menge Frauen, die allein, enttäuscht oder verbittert sind. Sie suchen schon seit geraumer Zeit eine Seelenverwandtschaft, ohne noch recht daran zu glauben. Sie haben die Hoffnung beinahe aufgegeben, in naher Zukunft jemanden zu finden, für den ihr Herz entflammen könnte. Eine Zeit lang denken sie noch, das Blatt würde sich bald wenden und ein Mann vom Himmel fallen, der genau so ist, wie sie es sich wünschen. Doch die Zeit vergeht und sie glauben immer weniger daran. Manche Frauen bemühen sich sogar, sich einzureden, es wäre besser so. Sie suchen Vorteile in ihrer Einsamkeit, die sie in Wirklichkeit nur unglücklich macht.

Eine aufregende Liebesbeziehung, eine befriedigende, wunderbare Partnerschaft verändert das Leben und die Sicht der Dinge grundlegend. Einsamkeit ist einer der Hauptgründe dafür, dass Frauen sich aufs Essen stürzen. Sobald ein Partner auftaucht, wird alles anders. Mit einem Schlag ist klar: Man muss seine Essgewohnheiten kontrollieren. Keine Süßigkeiten mehr oder sonstige Häppchen, die man sonst zu jeder Tageszeit verschlungen hat, ohne genau zu wissen, warum. Das Leben kommt einem viel schöner vor. Man hat plötzlich Lust, shoppen zu gehen, sich schön zu machen, zu lachen und sich zu amüsieren. Und dabei hofft man inständig, dass sich der charmante Prinz nicht von einem Tag auf den anderen in einen Frosch verwandelt.

## Balsam für die Seele

Natürlich kann eine funktionierende Liebesbeziehung erheblich dazu beitragen, dass Sie das Essen nicht mehr als Ersatzbefriedigung brauchen. Solange Sie sich geliebt und umschmeichelt fühlen, vergessen Sie Ihre alten Knabbergewohnheiten wahrscheinlich einfach. Außerdem haben Sie kein Interesse daran zuzunehmen, es sei denn, das wäre der innigste Wunsch Ihres Partners, und das dürfte selten der Fall sein. Die große Leere, die Sie aus Mangel an Liebe empfanden, ist nicht mehr da, sobald Sie Ihr Leben mit einem Partner teilen. Sie betrachten die Welt mit ganz anderen Augen.

Das Thema Liebe beschränkt sich gleichwohl nicht nur auf eine funktionierende Beziehung. Die Liebe unserer Familie und Freunde, die Liebe von Menschen, mit denen wir täglich umgehen, ist ebenso wichtig. Wenn man sich nicht geliebt fühlt, wenn sich niemand in unserer Umgebung wirklich für uns interessiert, wenn es niemanden gibt, der sagen könnte, dass er uns mag, dann haben wir einen echten Grund zum Depressivsein. Es ist erstaunlich, wie stark sich eine einfache Bemerkung oder ein Kommentar auf unsere Stimmung auswirken können. Es genügt schon, wenn jemand beiläufig sagt, »Die Bluse steht dir gut« oder »Der Rock macht dich schlank«, und schon geht die Sonne auf. Leider gilt dasselbe auch für den umgekehrten Fall. Ein verächtlicher Blick, eine unfreundliche Bemerkung oder eine abfällige Geste reichen für den großen Frust, den wir dann durchs Essen beseitigen wollen.

Vielleicht haben Sie in Ihrer Kindheit von Ihren Eltern nie Zuneigung, Zärtlichkeit, Lächeln oder Ermutigungen erfahren. Vielleicht haben Sie nie »Bravo!«, »Gratuliere!« oder »Du bist klasse!« gehört, vielleicht nicht einmal ein einfaches »Ich mag dich«. Womöglich ist Ihnen dann irgendwann klar geworden, dass Sie als Kind nie so viel Liebe und Zuneigung bekamen wie Verwandte oder Ihre beste Freundin. Deshalb machen Sie Ihren Eltern Vorwürfe. Wenn das bei Ihnen der Fall ist und Sie der Meinung sind, dass dieses Problem die Ursache für Ihr gestörtes Essverhalten ist, sollten Sie die Sache aus der Welt räumen. Sie sollten lernen, mit sich selbst Frieden zu schließen. Befreien Sie sich von altem Groll, ziehen Sie einen Schlussstrich und verzeihen Sie den Menschen, deren Taten oder Schweigen Ihnen Schmerzen zugefügt haben. Ich empfehle Ihnen außerdem, einen Psychologen aufzusuchen, wenn Sie das Bedürfnis dazu haben. Ein Spezialist kann

Ihnen sicher dabei helfen, wieder Boden unter die Füße zu bekommen und den Blick auf die Zukunft statt auf die Vergangenheit zu richten.

## Ein heikles Thema: Trennungen

Manche Frauen haben das Glück, den Mann ihres Lebens gefunden zu haben, und leben in einem Zustand emotionaler Stabilität. Andere stürzen sich auf der Suche nach einem Partner von einem Abenteuer ins nächste und erleben im steten Wechsel Glück und Enttäuschung. »Ich will mich nicht mehr verlieben, es tut immer viel zu weh, wenn es vorbei ist!«, pflegte eine Freundin von mir zu sagen, die oft von schmerzvollen Trennungen heimgesucht wurde. Martine lebte in dem festen Glauben, dass das Glück mit ihrem schönen Italiener, mit dem sie seit fast einem Jahr zusammenlebte, viele Jahre dauern würde. Dann erfuhr sie von einem seiner Arbeitskollegen, dass ihr Don Juan sie betrog. Die beiden zogen einen Schlussstrich. Einige Wochen später lernte sie einen sehr netten Mann kennen, in den sie sich fast augenblicklich unsterblich verliebte. Nachdem sie zwei Wochen lang wunderschöne Tage und vor allem heiße Nächte mit ihm verbracht hatte, stellte sie fest, dass er doch nicht ihr Traumprinz war. So etwas kann einen schon entmutigen.

Brüche, Trennungen und Scheidungen sind bekanntermaßen Ereignisse, die uns im Innersten aufwühlen. In Studien wurde untersucht, welche Ereignisse bei Menschen den größten emotionalen Stress hervorrufen. An erster Stelle steht der Verlust eines Kindes, dann der eines anderen geliebten Menschen, dicht gefolgt von Scheidung oder Trennung. Ich kenne Frauen, die nach einer unerwarteten Trennung mit den Nerven so fertig waren, dass ihnen nur noch das Essen – sehr viel Essen – Trost und Sicherheit spenden konnte. Innerhalb kürzester Zeit hatten sie mehrere Kilo zugenommen und waren kaum wiederzuerkennen. Diese Reaktion ist ganz normal: Man fühlt sich abgelehnt, betrogen, missbraucht und versucht, sich nach Kräften zu trösten. In den meisten Fällen dient das Essen nach einer besonders schmerzvollen Trennung tatsächlich als ständig verfügbarer Seelentröster.

Wenn eine Bekannte oder Freundin von Ihnen Liebeskummer oder Beziehungsprobleme hat und Sie genau wissen, dass sie dazu neigt, Frust mit Essen zu kompensieren, zögern Sie nicht, Ihre Hilfe anzubieten. Erinnern Sie sie daran, dass Sie immer da sind, um zuzuhören oder ihr zu helfen, alles durchzustehen. Versichern Sie ihr, dass sie immer anrufen oder vorbeikommen kann, wenn sie das Bedürfnis hat. In schwierigen Zeiten gibt es nichts Beruhigenderes, als zu wissen, dass man sich auf einen anderen Menschen verlassen kann, und wenn man nur ein offenes Ohr braucht.

Sollten Sie selbst gerade eine schmerzliche Trennung hinter sich haben und sich weggeworfen fühlen wie ein alter Schuh, überlegen Sie gut, bevor Sie sich in die Abhängigkeit von Essen und Süßigkeiten begeben. Tun Sie aktiv etwas dafür, Ihre emotionale Talsohle zu überwinden. Heften Sie ein Foto von Ihrem Ex auf eine Dartscheibe und bewerfen Sie es mit Pfeilen. Schreiben Sie ihm lange Briefe, in denen Sie ihn wüst beschimpfen, besuchen Sie die Freundin, die ihn noch nie hat leiden können – aber stürzen Sie sich um Himmels willen nicht aufs Essen!

Wir alle wissen, dass Liebesbeziehungen vielschichtig sind. Höhen und Tiefen wechseln sich ab und manchmal können alte Wunden wieder aufreißen. Sie sind oft der Grund dafür, dass wir unseren Frust mit Fressen kompensieren.

## Wie steht es um Ihr Sexleben?

Eine der Ursachen dafür, dass die Keksdose oder Chipstüte zur besten Freundin wird, liegt in der Sexualität, genauer gesagt: in der Qualität des Sexlebens. Auch allein lebende Frauen verspüren manchmal unstillbare Lust auf Liebe oder brauchen eine Schulter zum Anlehnen. Ihnen bleibt als Ersatzbefriedigung oft nur das Essen. Sobald die Schleckerei verschlungen ist, fühlen sie sich zufriedener ... wenigstens für den Augenblick. Manche mögen einwenden, dass je nach Mann eine Tüte Chips durchaus befriedigender sein kann als Sex, aber das sollte man nicht verallgemeinern.

Wenn Sie in einer Beziehung leben oder verheiratet sind und Ihr Sexleben langweilig, träge oder schlicht unbefriedigend ist, kann das dazu führen, dass Sie im Essen Trost suchen. Es gibt nichts Frustrierenderes, als mit seinem Hunger dazuliegen, während der Herr der Schöpfung längst in Morpheus' Armen weilt. Unfähig einzuschlafen, weil alle Sinne noch hellwach sind, verspüren Sie plötzlich den Drang, aufzustehen und im Kühlschrank nach einer Schleckerei zu suchen, um sich etwas abzukühlen.

Ich selbst war eine Zeit lang mit einem ziemlich lahmen Liebhaber zusammen, der meistens auch noch betrunken war, und ich kann sagen, dass mich dieser Herr mit seinen Blitzaktionen mehr als einmal dazu gebracht hat, im Essen Befriedigung zu suchen. Wahrscheinlich ahnen Sie schon, dass dieses alkoholisierte »Tier im Bett« danach auf der Stelle einschlief und mich mit meinem ungestillten Hunger allein ließ. Unnötig zu betonen, dass Situationen dieser Art meine Leidenschaft für ihn ziemlich schnell erkalten ließen.

Eine weitere Ursache für das gestörte Essverhalten von Frauen kann darin liegen, dass ihre Männer zu vorzeitigem Samenerguss neigen. Dieses Phänomen ist ziemlich verbreitet und auf Dauer sehr frustrierend. Wie auch immer Ihre persönliche Situation aussehen mag, wenn das Sexleben mit Ihrem Partner Anlass zu Frustrationen gibt, so dass Sie im Essen Trost suchen, sollten Sie offen mit ihm reden. Mit ein wenig Kommunikation und Verständnis wird sich die Sache sicherlich bald einrenken, wenn Ihr Partner nicht bloß auf sein Vergnügen aus ist.

Schon oft habe ich den Spruch gehört, »Schokolade ist ein guter Liebesersatz«. Ob Sie es glauben oder nicht, ich habe mir das zu bestimmten

Zeiten auch eingeredet. Wenn wir uns einsam fühlen, auf der verzweifelten Suche nach einer verwandten Seele sind oder unser Liebesleben praktisch brach liegt, suchen wir Trost bei der Schokolade und versuchen, unser Gewissen mit solchen Sätzen zu beruhigen. Es klingt wie eine wissenschaftliche Theorie, die unser Bedürfnis nach Schokolade erklärt. Wir machen uns zum hilflosen Opfer unseres Stoffwechsels, wenn wir sagen: »Die Hypophyse beherrscht mich, ich kann nichts dafür, wenn ich mit Süßigkeiten kompensieren muss, die Hormone sind schuld.« Schluss mit den Ausflüchten! Wenn Sie an so einem Punkt angelangt sind, müssen Sie die wahren Gründe für Ihr Verhalten analysieren. Schokolade soll Liebe ersetzen? Ich glaube schon lange nicht mehr daran, genauer gesagt, seit dem Abend, als mir klar wurde, dass die Tafel Schokolade auf meinem Schoß in dem Maße leichter wurde, in dem ich zunahm.

# 3
# FRUST UND ESSEN: EINE FRAGE DER ERZIEHUNG

Unsere Gefühle spielen uns häufig Streiche. Es ist Ihnen peinlich, dass Sie ein Kompliment bekommen haben oder dass Sie zurechtgewiesen wurden? Alle werden das sofort bemerken, denn Sie laufen rot an. Jemand hat etwas gesagt, das Sie verletzt hat? Sofort haben Sie Tränen in den Augen – und wissen, dass Ihr Gegenüber es sieht. Sie sind wütend? Ihre Stimme verrät Sie. Wir reagieren unmittelbar auf unsere Umwelt. Dies ist das Kreuz, das jeder zu tragen hat.

Viele Menschen in unserer Umgebung tragen Probleme mit sich herum, die Psychologen zufolge auf die Kindheit zurückzuführen sind. Wie ist Ihre Kindheit verlaufen? Wie sind Ihre Eltern mit Ihnen umgegangen? Waren Sie ein trauriges oder ein ehrgeiziges Kind? Wurden Sie Opfer von Gewalt oder sexuellem Missbrauch oder fühlten Sie sich einfach unverstanden? Wenn Sie sich mit diesen grundsätzlichen Fragen auseinander setzen, werden Sie besser verstehen, woher Ihre aktuellen Probleme kommen, die wie das berühmte Damoklesschwert über Ihrem Leben schweben.

Vielleicht war Ihre Kindheit und Jugend ganz normal wie bei mir. Vielleicht waren Sie Mitglied einer intakten Familie, bestehend aus Geschwistern und Eltern, die sich liebten und sich bemühten, jedem ihrer Kinder seinen Anteil an Familienglück und Zuwendung zu geben, damit es als Erwachsener ein erfülltes Leben haben würde.

Gleichwohl hat jeder von uns Macken, die er sich im Laufe seines Lebens angeeignet hat. Die Kindheit ist nicht alles. Sie ist ein Fundament, auf dem unser Leben aufbaut. Ob dieses Fundament aus soliden Werten oder aus Bruchmaterial besteht, legt fest, wie viel Mühe wir uns später mit dem Hausbau geben müssen. Jeder hat im späteren Leben die Möglichkeit zu renovieren, doch man muss kräftig zupacken und alles geben, um ein erfolgreicher Baumeister seines Schicksals zu werden.

Das Verhältnis zum Essen hat zweifellos auch etwas mit der Erziehung zu tun. Wenn Ihre Eltern immer reichlich Süßigkeiten im Haus hatten, kann es gut sein, dass Sie heute abhängig davon sind, wobei man das nicht verallgemeinern sollte. Bei uns zu Hause kam es selten vor, dass mein Bruder, meine Schwester und ich etwas Süßes bekamen, einfach weil nichts da war. Papa und Mama kauften nur Süßigkeiten, wenn Besuch kam. Mama war eine ausgezeichnete Köchin und bereitete immer ausgewogene Mahlzeiten für uns zu. Sie pflegte zu sagen: »Gegessen wird, was auf den Tisch kommt.« Wir aßen unsere Teller leer, aber das war auch nicht schwierig, weil sie, wie gesagt, hervorragend kochen konnte. Anschließend brachte sie einen Nachtisch. Exzesse kamen nicht vor.

Andererseits erinnere ich mich daran, dass ich immer, wenn ich für meine Mutter einkaufen ging, ein Stück Schokolade kaufte, das ich dann auf dem Heimweg verputzte. Manchmal war ich mit dem Fahrrad unterwegs und dann war die Heimfahrt gar nicht so einfach, mit den Tüten in der einen und der Schokolade in der anderen Hand ... Ich habe keine Ahnung, woher diese Angewohnheit kam, heimlich zu essen. Wir wurden nicht dazu erzogen, Dinge zu verstecken, erzählten alles und wurden nie grundlos bestraft. Wie ich schon sagte, die Kindheit erklärt nicht immer alles. Die heimlichen Schokoriegel ließen allerdings damals schon erahnen, dass ich einmal gefährdet sein würde, Trost im Essen zu suchen.

»Bei uns war es so«, erzählte mir Manon, »dass uns die Eltern immer drohten, wir bekämen keinen Nachtisch, wenn wir nicht aufessen. Selbst wenn wir Steak oder, noch schlimmer, Kalbsleber bekamen, zwangen wir uns den ganzen Teller hinein. Um nicht alles essen zu müssen und trotzdem ein Dessert zu bekommen, entwickelten wir bestimmte Tricks – zum Beispiel versteckten wir Bissen in unseren Taschen. Leider hatten wir keinen Hund, der uns aus der Patsche hätte helfen können.

Meine Schwester hatte nie Probleme mit dem Gewicht. Ich dagegen habe mir immer heimlich Gebäck oder Kekse gegönnt, wenn ich mich belohnen oder trösten wollte. Deshalb habe ich für meinen Geschmack ein paar Kilo zu viel. Mir wurde irgendwann klar, dass diese Vorliebe für Desserts aus meiner Kindheit kommt und dass mich die Frustrationen, die vom Essen ausgingen, zu diesem Verhalten trieben. Aber ich sage dir ehrlich, selbst wenn du weißt, warum du so einen Reflex entwickelt hast, ist dir klar, dass du die Zeit nicht zurückdrehen und noch mal von vorn anfangen kannst. Man muss seine schlechten Angewohnheiten und Reflexe in Bezug auf das Essen an der Wurzel packen.«

Ich selbst habe angefangen, mich schlecht zu ernähren, als ich allein wohnte. Mama war nicht mehr da, um mir vollwertige Mahlzeiten zu kochen. Es war für mich viel einfacher, in ein Fastfood-Restaurant zu gehen oder sonstige »Schweinereien« zu essen, als mir Zeit zum Kochen zu nehmen. Faulheit und Bequemlichkeit kamen dabei zusammen. Genau so geht es Studenten, wenn sie erstmals allein wohnen. Der Snack in der Uni-Cafeteria oder die abendliche Pizza haben auch bei mir zur fehlerhaften Konditionierung beigetragen.

## Essen aus Vergnügen

Essen gehört zu den ersten Dingen, die wir lernen, es ist einer der ersten Genüsse, die wir erfahren. Man ernährt sich zum einen, um zu überleben, zum anderen aus Lust. Sie müssen sich nur Babys anschauen, die etwas Süßes essen, um zu verstehen, wie ausgeprägt die menschliche Vorliebe für diese Art Lebensmittel schon im frühesten Alter ist. Ich habe in meinem ganzen Leben von keinem Kind gehört, das Schokolade oder Süßigkeiten nicht mochte. Aber es liegt auf der Hand, dass Kinder einen anderen Geschmack entwickeln würden, wenn man sie davon fern hielte.

Im Lauf der Jahre, in Kindheit und Jugend, entwickeln und verfeinern wir unseren Geschmackssinn und bilden bei unserem alltäglichen Speiseplan bestimmte Vorlieben aus. Für manche Dinge können wir uns nie begeistern – das ist bei mir Blutwurst –, aber solange man das bekommt, was man gern isst, empfindet man Essen als positive Erfahrung.

Wir leben in einer Zeit, in der das Einigeln wieder modern ist. Man tut alles, um es sich zu Hause so schön wie möglich zu machen. Warme Farben, gemütliche Möbel, Heimkinoatmosphäre. Für viele, auch für mich, ist es das größte Vergnügen, am Wochenende mit Freunden zusammen zu sitzen und gut zu essen. Solche Abende sind Geschenke, die uns wunderbare Augenblicke gewähren. Ich liebe es, mit meinem Mann, meiner Tochter, mit Eltern oder Freunden zusammen zu sein und bei einem guten Essen und ausgewähltem Wein über alles Mögliche zu diskutieren. Herrlich die Abende, an denen man endlos über Dinge redet, die weit über den Tellerrand hinausgehen! Bauch und Geist sind gleichermaßen befriedigt. Danach *muss* man sich einfach besser fühlen.

Einen heiklen Moment aber hat die ganze Sache, nämlich wenn das Essen aufgetragen wird. Oft neigt man zu Exzessen, weil man angespannt ist oder einfach besondere Lust auf Süß oder Salzig hat, die man sich sonst verwehrt. Warum das Essen? Zunächst einmal, weil es für uns immer greifbar ist. Zum Zweiten, weil es vollkommen normal ist zu essen. Essen eignet sich als Ersatzbefriedigung, Lob oder Kompensation besonders gut, weil es so leicht zu bekommen ist. Manche Frauen greifen zu Zigaretten oder Alkohol, doch in den überwiegenden Fällen bekämpfen wir Frust oder Stress mit Essen.

## Warum ausgerechnet Süßigkeiten?

Wenn der kleine Hunger kommt, greifen wir normalerweise nach etwas Süßem. Warum? Weil wir fast alle so konditioniert sind. Süßigkeiten wurden immer als Leckereien angesehen, als Naschereien, um den Ausdruck meiner Großmutter väterlicherseits zu gebrauchen. Wenn wir sie besuchten, hatte sie zu unserer größten Freude immer eine Schale Bonbons bereit gestellt. Dann gab es da noch Großmutter Alice und die Tafeln Schokolade, die wir ihr zum Geburtstag, an Ostern und zum Muttertag schenkten. Sie hob die größten immer für uns auf. Damals dachte ich, Großmütter wären genau dafür da. Doch nichts wiegt ihr sanftes Lächeln und die Aufmerksamkeit auf, die sie jedem Einzelnen von uns schenkten. Vermutlich haben alle Frauen solche süßen Erinnerungen und jede verarbeitet sie auf ihre Weise. Die eine entwickelt sich zum »Leckermaul«, die andere dagegen wird nicht schwach angesichts solcher Leckereien.

Schokolade, Zucker im Kaffee und ähnliche Dinge sind durch Erziehung oder Umfeld untrennbar mit Freude verbunden. Freude am Essen bedeutet Freude am Leben. Kurz, die Freude daran, sich selbst Freude zu bereiten!

Abgesehen davon, dass manche Frauen besonders auf Süßes konditioniert sind, hat der Zucker eine beruhigende Wirkung auf den Organismus und sorgt für ein Gefühl der Befriedigung. Viele empfinden eine gewisse Zufriedenheit, wenn sie ein Stück Schokolade oder Kekse gegessen haben. Ich rede nicht von Frauen, die an Hypoglykämie, also einem verminderten Blutzuckergehalt, leiden, sondern von denen, die Süßigkeiten lieben und zum Beispiel voller Lust in einen Schokokeks beißen.

Mein Mann verschlingt alles, was süß ist. Er liebt das Gefühl, das ihm etwa ein Stück Zitronen- oder Schokokuchen gibt. »Manchmal ist es stärker als ich. Selbst wenn ich gut gegessen und eigentlich keinen Hunger mehr habe, kann ich einem Dessert oft nicht widerstehen. Ich weiß, das ist Schlemmerei, aber ich liebe das Gefühl, das diese Sachen in mir auslösen! Deshalb kann ich der Versuchung kaum widerstehen«, gestand er mir.

Wie viele Kinder sind mit dem berühmten Belohnungssystem aufgewachsen: Wenn du dies oder jenes machst, bekommst du das oder das. Haben Sie schon mal gehört, dass »das« ein Teller Radieschen, Sellerie, Karotten oder auch nur eine Orange war? Eher selten, denke ich. Meist wird etwas Süßes in Aussicht gestellt. Um ihm eine Freude zu machen, geht man mit seinem Kind Eis essen oder kauft ihm Schokolade. In vielen Fällen müssten Erziehung, Entwicklung und Verhalten völlig umgepolt werden. Das geht natürlich nicht von heute auf morgen. Das ist genau wie bei den Gewohnheiten, die wir uns zur Frustbewältigung angeeignet haben.

## Ansichten einer Expertin

Die Ernährungsspezialistin France Martin übt ihren Beruf seit 16 Jahren aus und praktiziert seit zwölf Jahren in einem Vorort von Montreal. Sie war gern bereit, ihre Meinung zum Thema Frustfressen und zu dem besonderen Verhältnis von Frauen zum Essen und zu Süßigkeiten zu äußern.

»Wenn Frauen auf der Suche nach Trost oder Sicherheit anfangen zu essen, wählen sie gewöhnlich gehaltvolle Nahrungsmittel aus, bei denen sie das Gefühl haben, wirklich etwas zu sich genommen zu haben. Meist sind das Lebensmittel, die Zucker enthalten. Zumindest beobachte ich bei vielen Frauen den Drang, zu Süßigkeiten zu greifen. Anfangs ist es der Geschmack, den man sucht, die Freude daran, etwas Leckeres zu genießen. Es gibt aber auch jede Menge Frauen, die anfallartig Mehlspeisen, Brot, Chips und Ähnliches essen. Ihnen geht es dabei weniger um den Zucker als Geschmacksgeber. Der Zucker kann in gewisser Weise zur Droge werden, er kann einen Fehler im System ausgleichen. Alles hängt vom Blutzuckerspiegel und dessen Auswirkungen auf den Hypothalamus ab. Im Allgemeinen aber wollen die Leute gar nicht genau wissen, was da in ihrem Gehirn passiert. Sie wollen nicht wissen, welches Hormon für welche Reaktion verantwortlich ist. Sie wollen nur wissen, wie sie auf die gegebene Situation reagieren sollen.«

In der Tat interessiert uns genau das – darum geht es denn auch im nächsten Kapitel. Unbestreitbar ist indes, dass wir Frauen ein besonderes Verhältnis zum Essen haben, wie France Martin betont.

»Aus meiner Erfahrung kann ich sagen, dass Frauen eher dazu neigen als Männer, aus emotionalen Gründen zu essen. Genau das ist auch das Hauptproblem bei Übergewichtigen. Frauen, vor allem aus einer bestimmten Generation, haben ein anderes Verhältnis zum Essen als Männer. Die Frauen sind zu Hause, kaufen ein, kochen, sind also für die Ernährung der ganzen Familie verantwortlich. Für diese Hausfrauen ist das Verhältnis zum Essen noch schwieriger. Für Frauen, die außer Haus arbeiten, ist es allerdings auch nicht leichter: Häufig müssen sie sich zusätzlich zur Arbeit nicht nur um ihre eigene Versorgung, sondern auch um die der Personen kümmern, die mit im Haushalt leben. Im Allgemeinen kann man sagen, dass Männer selten einkaufen und kochen. Es gibt Stimmen, die versichern, dass sich das in den letzten Jahren etwas gewandelt habe. Doch wirklich spürbar ist es noch nicht.«

## Wie sehe ich bloß aus?

Alle Frauen, die an Übergewicht leiden und die überzähligen Kilo nicht loswerden, wenden sich irgendwann an eine Ernährungsberaterin oder einen Facharzt. Eines Morgens steht jede wild entschlossen auf und macht den ersten Schritt, indem sie zum Telefon greift und einen Termin vereinbart. Für Männer gilt das Gleiche, nur dass ihre Beweggründe für eine Diät andere sind.

»Es kommt selten vor, dass mich Männer aufsuchen, die abnehmen wollen, nur weil sie sich um ihr Aussehen sorgen. Wenn sie einen so großen Schritt tun und zum Spezialisten gehen, dann nur, weil sie sich um ihre Gesundheit sorgen. Meist gibt es konkrete medizinische Indikationen. Bei den Frauen ist das anders. Auch wenn viele von ihnen gesundheitliche Probleme haben, so beschäftigt sie doch vor allem ihr Aussehen. Sie sind überzeugt davon, dass ihr Leben schöner wird, wenn sie endlich ein paar Kilo abgenommen haben. In diesem Moment beschließen sie, zu mir zu kommen. Die Gesundheit steht bei ihnen nicht an erster Stelle.«

Ach ja, das Aussehen ... In den letzten Jahren kamen rundliche Frauen etwas mehr in Mode, seitdem es auch ein paar prominente korpulente Damen gibt, die sich offensichtlich rundum wohl fühlen. Trotzdem ist das Schlankheitsideal in Fernsehen, Werbung, Zeitschriften ungebrochen. Die Klischees sind tief im kollektiven Gedächtnis verankert. Man kann sich kaum vorstellen, dass ein Mann die Kurven von Montserrat Caballé denen von Cindy Crawford vorzieht. Hinzu kommt, dass die meisten Stars in Fernsehen, Kino oder Zeitschriften rank und schlank und sexy sind. Unter uns gesagt, würden Sie nicht auch lieber in den Armen von Harrison Ford oder Brad Pitt liegen als in denen von Luciano Pavarotti oder Marlon Brando? Im Gesang ist Pavarotti sicher unschlagbar, aber sonst – na ja.

Natürlich beschließen nicht alle Frauen eines Tages, ihre Ernährung umzustellen und eine Diät zu machen. Einige akzeptieren ihre Lage. Sie haben sich damit arrangiert, dick zu sein oder ein paar Kilo zu viel zu haben, und scheren sich nicht mehr um Schlankheitskuren. Viele andere jedoch finden zahlreiche gute Gründe zum Abnehmen. Sie wollen sich mal neu einkleiden oder verführerischer aussehen, um endlich einen Mann zu finden oder dem eigenen wieder besser zu gefallen. Nachdem sie festgestellt haben, dass die Klamotten immer enger werden, wird Abnehmen für sie zum Hauptziel.

Allerdings sollten wir den medizinischen Aspekt dabei nicht unterschätzen. Je älter man wird, desto eher treten Probleme auf, wenn man zu dick ist. Vorbeugung ist in jedem Fall besser, als nachher im Krankenbett zu liegen und zu sagen: »Wenn ich das gewusst hätte ...« Es ist vor allem eine Frage des Respekts sich selbst gegenüber. Das gilt sowohl für das Erscheinungsbild als auch für die Gesundheit.

Abnehmen ist bekanntermaßen nicht gerade einfach. Im Grunde wissen wir alle, welche Nahrungsmittel verboten sind und dass es besser ist, Salat oder Fisch zu essen als Nudeln mit Sahnesauce. Wir wissen, dass wir beim Essen aufpassen müssten. Dass wir im Restaurant lieber etwas Leichtes bestellen und aufhören sollten, Limonade und Süßigkeiten zu uns zu nehmen. Aber wir wissen auch, dass dazu leider viel starker Wille nötig ist. Reden ist einfacher als Handeln.

»Es kommt selten vor, dass jemand, der Trost im Essen sucht, keine Gewichtsprobleme hat«, sagt France Martin. »Leider neigen die Menschen dazu, nach einer nicht überwachten Schlankheitsdiät noch stärker aus Lust zu essen. Das hat psychische

Ursachen. Sie kompensieren, indem sie sich auf etwas stürzen, das ihnen eine gewisse Zeit lang verwehrt war, um sich zu befriedigen und eine Freude zu machen. Sie belohnen sich, allerdings auf die falsche Art und Weise«, betont die Ernährungsberaterin. »Ich kenne Frauen, die mit Anfang, Mitte zwanzig mit einer Diät fünf Kilo abnehmen wollten und Jahre später mit einem Gewicht von 90 Kilo zu mir kamen! Es liegt auf der Hand, dass diese Menschen im Lauf der Zeit durch die verschiedenen Diäten immer mehr Frust aufbauten, den sie dann mit Essen kompensierten. Sie müssen ganz von vorn anfangen, aber auf einer ausgewogenen Basis.«

## Verzichten verboten

Um zu vermeiden, dass die Menschen Essen als Ersatzbefriedigung mißbrauchen oder sich Fressattacken hingeben, weil sie ihre Lieblingsspeisen nicht mehr essen oder nach Herzenslust aussuchen dürfen, verzichtet France Martin oft auf Verbote – vor allem bei Personen, die keine gesundheitlichen Probleme haben. »Ich halte es für wichtig, dass man sich nicht einschränkt – natürlich nur bis zu einem gewissen Punkt –, sondern dass man sich ausgewogen ernährt. Verzichten ist manchmal verhängnisvoll und trägt dazu bei, dass die Leute durch das Essen kompensieren. Wenn es Sachen gibt, die meine Kundinnen lieben und auf die sie nicht verzichten können, schlage ich ihnen vor, dass sie einfach weniger davon essen. Aber sie sollen sie essen, damit sich kein unnötig gesteigertes Verlangen danach aufbaut.«

Dieser Ansatz hört sich für mich ziemlich interessant an. Ich halte es für vollkommen unmöglich, sich vorzunehmen, nie wieder Süßigkeiten zu essen. Ich kenne Frauen, die mit eisernem Willen eine Diät anfingen und sämtliche – kalorienreichen – Desserts vom Speiseplan strichen, für die sie ebenso schwärmten wie für Ölsardinen, Pizza oder Grillhähnchen. Die Folgen waren vorhersehbar: Eine Zeit lang hielten sie sich an die Radikalkur, dann wurden sie schwach und fielen in ihre alten Essgewohnheiten zurück. Doch genau die müssen wir ändern, statt uns darauf zu beschränken, nur noch Ersatzmahlzeiten oder maximal 1000 Kalorien am Tag zu uns zu nehmen.

Carole ist ein typisches Beispiel für all diejenigen, die rückfällig wurden, weil sie die Diät satt hatten. »Es lief sehr gut, ich nahm schön ab, aber es störte mich, nicht mehr dazuzugehören, zum Beispiel keinen leckeren Hamburger mehr essen zu können. Ich machte eine ziemlich strenge Diät, die keine Ausnahmen zuließ. Alles musste ich abwiegen und berechnen. Geburtstagsessen mit Kollegen waren ebenso tabu wie ein einfaches Essen mit Freunden. Ich schloss mich mittags in meinem Büro ein, um das zu essen, was ich mir morgens vorbereitet hatte. Am schlimmsten war diese Isolation, die ich mir auferlegt hatte, um nicht rückfällig zu werden.

Einmal war ich abends mit Freunden in einem Restaurant und gönnte mir den Luxus, einen Salat mit Hühnerfleisch zu essen. Sonst nichts, kein Dessert, keine Limonade. Nur Wasser und Salat. Ich war ganz stolz, weil ich es geschafft hatte, sonst nichts zu bestellen. Als ich später allein zu meinem Auto ging, hatte ich das Pech, an einer Konditorei vorbeizukommen, die noch geöffnet war. Ich hatte gut gegessen und eigentlich keinen Hunger mehr, aber die Versuchung war zu stark. Mir fiel ein, dass ich hier eine Zeit lang immer Naschwerk gekauft oder Geburtstagstorten bestellt hatte. Und ich erinnerte mich daran, dass mir die ›kleinen Sünden‹ hier immer außerordentlich gut geschmeckt hatten.

Obwohl ich inzwischen schon längst an dem Laden vorbei und fast beim Auto angekommen war, machte ich nach einer Sekunde des Nachdenkens kehrt. Ich kaufte drei Pralinen, die ich anschließend heimlich wie ein Kind im Auto aß!

Ich schämte mich ein bisschen, aber ich kann dir gar nicht sagen, wie viel Spaß es mir machte, diese drei Pralinen zu essen, die ich buchstäblich hinunterschlang. Ich erinnerte mich an das Gefühl des Stolzes, das ich beim Verlassen des Restaurants empfunden hatte. Doch die Befriedigung darüber, mich vollgefressen zu haben, überwog. Ich habe nie verstanden, warum. Im Lauf der folgenden Tage hielt ich die Diät nicht mehr durch. Ich dachte an meine Schwäche im Angesicht der Konditorei und dass ich alles verpatzt hatte. Mein neues Selbstwertgefühl hatte einen Dämpfer bekommen. Ich spürte, dass ich ein ähnliches Hindernis nicht mehr überwinden konnte, wenn ich wieder eine Diät machen würde. Erst fast zwei Wochen später, nachdem ich feststellte, dass ich erwartungsgemäß mehrere Kilo zugenommen hatte, beschloss ich, noch mal von vorn anzufangen.«

Dieser Bericht zeigt meiner Meinung nach deutlich, mit welchen Gefahren Menschen zu rechnen haben, die sich zu strenge Diäten auferlegen.

Das Leben mit seinen Freuden und Glücksmomenten, aber auch Sorgen aller Art ist nicht immer leicht. Wir alle erleben Zeiten, in denen wir kein Licht am Ende des Tunnels sehen, ob bei der Arbeit, in einer Beziehung, in der Familie oder bei finanziellen Problemen. Weil wir in festen Strukturen leben und immer auf bessere Zeiten hoffen, müssen wir fit und aktiv sein und dem Alltag die Stirn bieten, egal wie es um uns herum oder in uns drinnen aussieht. Manche kommen damit gut zurecht, andere haben Probleme. Obendrein müssen wir auch noch die unterschiedlichsten Gefühle im Griff haben und mit unseren emotionalen Reaktionen auf die Ereignisse um uns herum leben. Da liegt es nahe, bestimmte Tricks zu entwickeln, um die Oberhand zu behalten. Unser Gefühlsleben schüttelt uns durch wie eine Fahrt in der Achterbahn.

Ich habe im Lauf der Jahre begriffen, dass man bestimmte Kniffe erfinden muss, sonst fängt man automatisch an, aus Frust zu essen. Entgegen der Meinung von Experten lassen sich Emotionen, wie ich finde, bis zu einem gewissen Punkt durchaus kontrollieren. Allerdings muss man sich entsprechend anstrengen und wirklich entschlossen sein, das Problem zu lösen. Wenn es allzu unüberwindlich erscheint, dürfen wir uns nicht scheuen, einen nahe stehenden Menschen oder einen Spezialisten um Hilfe zu bitten.

# 4

# SO BEREITEN SIE DEM FRUSTFRESSEN EIN ENDE

## Tricks und Kniffe

Jetzt ist es also so weit. Sie sind fest entschlossen, das Problem anzugehen und etwas gegen Ihre Fressattacken zu tun? Bravo! Auf den folgenden Seiten finden Sie eine ganze Reihe von Tricks. Probieren Sie ruhig mehrere Strategien gleichzeitig aus, wie ich es auch getan habe.

Es geht mir nicht darum, Ihnen Ratschläge zu erteilen, damit Sie nie wieder in Ihrem Leben naschen. Vielmehr sollen Sie lernen, diese lästige Gewohnheit in den Griff zu bekommen.

## Lassen Sie keine Mahlzeit aus

Nehmen Sie sich morgens Zeit zum Frühstücken, sonst verspüren Sie zwangsläufig im Lauf des Vormittags ein Loch im Bauch, das Sie zum Sündigen verführt. Uns wurde stets eingetrichtert, dass das Frühstück die wichtigste Mahlzeit des Tages sei, dass es uns für den Tag in Schwung bringe. Machen Sie sich die Freude: Nehmen Sie sich die Zeit für ein gutes Frühstück. Stehen Sie früher auf, wenn es sonst zeitlich nicht reicht. Langfristig werden Sie feststellen, dass Körper und Geist dadurch in einen gesunden Rhythmus kommen.

Ebenso wenig sollten Sie Mittag- oder Abendessen auslassen. Wenn Sie es sich angewöhnen, gut zu essen und ausgewogene Mahlzeiten zu sich zu nehmen – am besten immer zur gleichen Zeit –, schaffen Sie es möglicherweise schon dadurch, sich das Knabbern abzugewöhnen. Wenn Ihr Körper weiß, dass er zu bestimmten Zeiten versorgt wird, braucht er keine Reserven anzulegen. Denn so nimmt man zu. Man überspringt eine oder zwei Mahlzeiten, der Körper ist alarmiert und speichert Fett und Wasser, das er braucht, um den Stoffwechsel in Gang zu halten. Er will nicht alles auf einmal verbrauchen und so trickst man sich am Ende selbst aus.

## Trinken Sie reichlich Wasser

Ein klassisches, aber wirkungsvolles Mittel! Sie sind zu Hause und verspüren ein akutes Naschbedürfnis? Trinken Sie ein großes Glas Wasser oder zwei und Ihre Naschlust ist gestillt. Dieser Trick ist nicht nur wirkungsvoll, sondern auch gesund. Bekanntermaßen soll man viel trinken, mindestens acht Gläser Wasser am Tag. Welche Diät man auch befolgt, man bekommt immer den Rat, viel Wasser zu trinken, am besten mit Zimmertemperatur. Kaltes Wasser sollten Sie meiden.

Wasser eignet sich auch als Appetithemmer, damit Sie vor einem üppigen Essen nicht zu viel zu sich nehmen. Trinken Sie eine Viertel- oder halbe Stunde vor dem Essen zwei mittelgroße Gläser frisches Wasser. Warum zwei? Das erste gegen den Durst und das zweite, um den Körper zusätzlich zu »wässern«, über den Durst hinaus. Dieser Trick, den ich von einer Ernährungsberaterin habe, eignet sich auch hervorragend dazu, den Appetit zu zügeln. Wenn Sie ihn im Restaurant anwenden, stehen die Chancen gut, dass Sie sich anschließend für ein leichteres Gericht entscheiden. Zu Hause oder im Büro sollten Sie immer ein Glas Wasser zur Hand haben. Ich habe seit einigen Jahren einen Trinkwasserspender zu Hause und beglückwünsche mich immer noch zu dieser Anschaffung. Auf diese Weise habe ich immer frisches Wasser zur Verfügung, das wesentlich besser ist als das aus dem Wasserhahn. Außerdem regt der Anblick des Gerätes den Durst an.

## Planen Sie Ihre Einkäufe

Der Trick ist alt, aber er funktioniert: Gehen Sie nur mit vollem Magen zum Einkaufen. Oft kauft man auf dem Heimweg von der Arbeit ein, wenn man ohnehin ein Loch im Bauch hat. Dann läuft man besonders Gefahr, sich auf alles zu stürzen, was nach Süßigkeiten oder Schleckereien aussieht. Nicht nur Ihr Hunger wird dann größer – auch Ihr Einkauf erreicht andere Ausmaße als ursprünglich geplant.

Nehmen Sie sich Zeit für die Vorbereitung Ihres Einkaufs, so wie man Kinder sorgfältig anzieht, damit sie zum Spielen nach draußen gehen können. Schreiben Sie, bevor Sie Büro oder Wohnung verlassen, eine Einkaufsliste und halten Sie sich auch daran. Trinken Sie vielleicht einen Kaffee oder ein Glas Wasser.

## Passen Sie auf, was Sie kaufen

Wenn Sie häuslichen Essattacken von vornherein aus dem Weg gehen wollen, kaufen Sie einfach erst gar keine Dickmacher wie Kuchen oder Chips. So einfach ist das! Sicher: Schokoladenkuchen, Erdnüsse und Bonbons sind viel verlockender als Gemüse. Reservieren Sie die Schleckereien für bestimmte Gelegenheiten, etwa wenn Freunde zu Besuch kommen. Verzichten Sie nicht vollständig darauf, damit der Leidensdruck nicht zu groß wird. Wenn Sie Ihren Einkauf ausdünnen, sind Sie schon auf dem richtigen Weg. Ich zum Beispiel weiß genau: Wenn ich eine Tüte Chips kaufe, ist sie in null Komma nichts leer. Diese Versuchung lässt man am besten erst gar nicht aufkommen.

## Legen Sie gesunde Vorräte an

Sie leiden unter Fresslust, weil Ihre Gefühle mit Ihnen Achterbahn fahren? Manchmal überwiegt die Faulheit und Sie suchen die einfachste Lösung. Um sicherzugehen, dass Sie sich nicht auf verbotene Sachen stürzen, sollten Sie immer Karotten, Sellerie, weiße Rüben oder Gurken klein geschnitten im Kühlschrank haben. Bereiten Sie das direkt nach der Rückkehr vom Einkaufen vor. Auf diese Weise haben Sie im Notfall sofort Lebensmittel zur Verfügung, die sich nicht negativ auf Ihre Figur auswirken und außerdem gesund sind.

## Hängen Sie Fotos auf

Das ist ein Trick, den ich selbst seit Jahren anwende: Suchen Sie ein Foto, auf dem Sie besonders gut aussehen, im Badeanzug oder in einem Kleid oder Kostüm, das Sie sehr gemocht haben, aber nicht mehr tragen können, und heften Sie es an die Tür von Kühlschrank oder Vorratsschrank. Betrügen Sie sich aber nicht selbst, indem Sie die Augen schließen, bevor Sie zur Keksdose greifen! Überlegen Sie, ob Sie nicht stolz wären, wenn Sie nächsten Sommer in eben diesem Badeanzug an den Strand gehen oder auch das vielleicht ziemlich teure Kostüm wieder tragen könnten. Regen Sie Ihre Fantasie ein wenig an, dann können Sie Ihre Naschlust in den Griff bekommen.

Meine erstarb immer ziemlich schnell, wenn ich das Foto eines hübschen, wohl proportionierten, annähernd perfekten jungen Mädchens sah. Das Foto einer Person, die ich sehr bewundere, oder einer Frau, die nach vielen Jahren Diät immer noch ihr Idealgewicht hält, motiviert mich sogar noch mehr.

Und hier ein Trick, der für manche noch wirkungsvoller sein mag: Hängen Sie gut sichtbar das schönste Foto von Ihnen auf, auf dem Sie aussehen wie ein verführerischer und unwiderstehlicher Star, und direkt daneben das schlimmste, das Sie haben, auf dem Sie sich fett und hässlich finden. Schreiben Sie unter das erste Foto mit großen Buchstaben: »Wenn ich gesund essen und nicht naschen würde, wäre ich immer so schön.« Unter das andere schreiben Sie: »So sehe ich aus, wenn ich nicht mit dem Naschen aufhöre und mich nicht am Riemen reiße.« Die Methode ist brutal, aber erstaunlich wirkungsvoll.

## Spieglein, Spieglein an der Wand

Ein Spiegel kann sehr hilfreich sein, wenn es darum geht, andere Möglichkeiten zu finden, um Angst, Frust oder Seelenschmerz zu bekämpfen. Wenn Sie sich »besessen« fühlen und zu Süßigkeiten oder anderem Naschwerk greifen, das Ihnen nichts bringt außer ein paar Pfunden, treten Sie sofort vor einen Spiegel, am besten einen, der bis zum Boden reicht. Können Sie sich vorstellen, wie Sie mit einer Schale Chips in der Hand vor dem Spiegel stehen? Wenn Sie schon angefangen haben zu essen oder vor dem Spiegel essen, schauen Sie sich in die Augen und ich wette, dass Sie sofort aufhören. Genau so ist es mir gegangen. Sie fühlen sich plötzlich schuldig und lächerlich. Tausend Sachen gehen Ihnen durch den Kopf. Sie wollen sich nicht so sehen, den Mund voll Schokolade zum Beispiel, während Sie genau wissen, dass Ihnen nur Ihre Gefühle gerade wieder einen Streich spielen. Ihre Reue dürfte stärker sein als die Fresslust. Schauen Sie auf Ihr Gesicht, Ihre Taille und Ihre Oberschenkel im Spiegel und machen Sie sich klar, dass Ihnen das, was Sie da gerade essen wollen, nicht gut tun würde und dass Sie anschließend umso mehr leiden müssten, um die störenden Kilos wieder loszuwerden. Dieser Trick basiert auf dem gleichen Prinzip wie der mit den Fotos. Für manche Frauen mag der Spiegel wirkungsvoller sein.

Ich gebe zu, dass ich selbst oft mehrere Tricks gleichzeitig anwenden musste, um mich zu überreden, die Finger von bestimmten Sachen zu lassen. Häufig stand ich mit einem großen Glas Wasser vor dem Spiegel und oft genug überstand ich meine plötzliche Fresslust unbeschadet. Scheuen Sie sich nicht, es mir nachzumachen! Jede Methode ist eine gute Methode, wenn sie Ihnen hilft, sich von Nahrungsmitteln fern zu halten, die weder Ihrer Figur noch Ihrer Gesundheit gut tun.

## Schreiben Sie Ihr Gewicht auf

Ich habe einen Zettel in meinen Vorratsschrank gehängt, auf dem ich mein Gewicht eintrage – jeden Montagmorgen nach dem Aufstehen. Häufiger wiege ich mich nicht, einmal die Woche genügt. Das Blatt, das mir sofort ins Auge fällt, wenn ich die Tür öffne, zeigt mir die Fortschritte an, die ich in den letzten Monaten gemacht habe, manchmal aber auch, dass ich noch einiges vor mir habe. Mein Ziel hängt nicht zu hoch, es ist kein unerreichbares Gewicht. Ich habe mir vorgenommen, jeden Monat zwei Kilo zu verlieren. Sie meinen, ich quäle mich zusätzlich, indem ich den Zettel für alle Familienmitglieder sichtbar aufhänge? Auf diese Weise suche ich Unterstützung und ich weiß, dass sie mich bei meinem Vorhaben unterstützen. Es hat außerdem den Nebeneffekt, dass jeder, der die Tür auf der Suche nach Essbarem öffnet, ebenfalls damit konfrontiert wird.

## Arbeiten Sie mit Visualisierung

Nach meiner Erfahrung hat die Methode der Visualisierung einen tollen Effekt. Im Lauf der letzten Jahre sind mir viele positive Dinge passiert, einfach weil ich sie mir vorgestellt habe, weil ich mir jeden Abend vor dem Einschlafen bestimmte Situationen vor Augen geführt habe.

Im folgenden Beispiel benutze ich die Visualisierung auf eine unorthodoxe Weise. Später wird noch die Rede von »echter Visualisierung« sein. Hier erkläre ich Ihnen, wie ich die Visualisierung für diese Übung einsetze. Stellen Sie sich vor dem Essen Folgendes vor:

- Wenn Sie in ein Beignet beißen, schlucken Sie einen Löffel Pflanzenfett.
- Ein leckeres Stück Kuchen ist nichts weiter als eine Pampe aus Mehl und Fett.
- Ein Stück Käse auf dem Teller ist in Wirklichkeit ein Stück ranzige Butter.
- Ein Berg Schlagsahne ist in Wirklichkeit ein Berg Rasierschaum.
- Wenn Sie sich einen Schokoriegel gegönnt haben, müssen Sie eine gute Stunde lang in zügigem Schritt spazieren gehen oder eine halbe Stunde lang flott Fahrrad fahren, um die Kalorien wieder zu verbrauchen, die Sie gerade zu sich genommen haben.
- Der Rock oder die Hose, die Sie kürzlich getragen haben und den/die Sie nur noch mit Mühe zukriegen, passt nicht mehr, wenn Sie jetzt Ihrer Fresslust nachgeben.
- Lassen Sie Ihrer Fantasie freien Lauf: Stellen Sie sich vor, Sie vollführen einen Striptease vor Ihrem Mann oder Freund, eine Tüte Chips in der Hand,

mit vollem Mund. Oder stellen Sie sich vor, dass Ihr Mann oder Freund Sie vorsichtig darauf hinweist, dass Sie fülliger aussehen als letzten Monat.

- Überlegen Sie vor einem Imbiss, wie enttäuscht Sie sein werden, wenn Sie am Montagmorgen auf die Waage steigen und feststellen, dass Sie ein Kilo zugenommen haben.
- Denken Sie an die Freundin, die Sie nicht oft sehen und mit der Sie sich bald treffen; wahrscheinlich wird sie sagen: »Danke, mir geht's gut. Du siehst ja richtig *gesund* aus.«
- Sind Sie Single? Stellen Sie sich vor, Sie lernen den Mann Ihrer Träume kennen, auf den Sie schon seit Ewigkeiten warten. Er ist schön wie ein Gott und Sie müssen sich zwicken, um sich zu vergewissern, dass Sie nicht träumen. Langsam zieht er sich vor Ihnen aus. Er hat einen athletischen Körper, ist muskulös und unglaublich sexy. Jetzt ist es an Ihnen, sich auszuziehen – bei voller Beleuchtung. Glauben Sie, dass Sie es mit ihm aufnehmen können?
- Stellen Sie sich schließlich vor, Sie tragen ein luftiges Kleidchen in Ihrer Lieblingsfarbe und gehen durch eine dicht bevölkerte Straße. Sie sind schön und sexy und alle drehen sich nach Ihnen um,

um Sie zu bewundern. Der Wind fährt ein wenig unter Ihren Rock und man sieht Ihre Beine, die noch nie so schön waren. Der Mann an Ihrer Seite ist stolz wie ein König: Er weiß, dass jeder Mann Sie anschaut und ihn um Sie beneidet. Endlich genießen Sie das Ergebnis Ihrer Bemühungen, sich gesund zu ernähren und all die kleinen Dickmacher wegzulassen.

Sie sehen, wie weit Sie die Visualisierung bringen kann ...

## Gefahrenquelle Fernsehen

Fernzusehen gehört zu unserem Alltag, aber beim Essen wirkt es eher störend. Warum? Häufig ist man von dem, was auf dem Bildschirm passiert, völlig gefangen und achtet nicht auf seinen Teller. Man isst mechanisch, wie ein Roboter, ohne die Bissen, die man zu sich nimmt, zu genießen. Essen Sie langsam, denn es ist ziemlich enttäuschend, wenn man sich auf den letzten Bissen freut und dann feststellt, dass der Teller längst leer ist. Ganz automatisch meldet sich der Appetit zurück. Plötzlich hat man den Eindruck, nichts gegessen zu haben. Selbst wenn unser Magen voll ist, wir sind es noch nicht. Und dann legen wir nach.

Schalten Sie den Fernseher aus und richten Sie sich einen appetitlichen Teller her. Nehmen Sie sich Zeit, jeden Bissen zu genießen. Kauen Sie gründlich, schlingen Sie nicht. Konzentrieren Sie sich auf das, was Sie essen, und ziehen Sie das Mahl in die Länge. Seit einigen Jahren zwingt mich mein Tagesrhythmus dazu, ziemlich schnell zu essen. Das gilt es auf jeden Fall zu vermeiden. Gehen Sie mittags nicht allein essen, nehmen Sie jemanden mit, der Ihnen Gesellschaft leistet. Auf diese Weise unterhalten Sie sich bei Tisch, was den angenehmen Nebeneffekt hat, dass Sie nicht so schnell essen. Abends sollten Sie, wenn möglich, mit der Familie essen. Das ist eine sehr wohltuende Übung: Man isst langsamer und befindet sich außerdem in guter Gesellschaft. Es ist eine schöne Möglichkeit, sich mit den Menschen auszutauschen, die man liebt.

## Nehmen Sie kleine Portionen

Hier ein Trick für den Moment, wenn es um das Füllen des Tellers geht: Damit sich das Essen nicht auf einem riesigen Teller verliert, benutzen Sie einen kleineren, der voller wirkt. Das sieht erstens besser aus und zweitens haben Sie den Eindruck, mehr bekommen zu haben und satt geworden zu sein. Aber Vorsicht: Nehmen Sie keinen Nachschlag! Ärzten und Ernährungsspezialisten zufolge soll man nicht zu viel auf einmal essen. Ist es nicht schrecklich, sich im Restaurant oder zu Hause laufend sagen zu hören: »Ach, ich habe schon wieder zu viel gegessen!«

## Lassen Sie den Anfall vorbeigehen

Wenn Sie plötzlich die Naschsucht überfällt, halten Sie sich zurück, bevor Sie sofort zum Kühlschrank stürzen, um darin Trost zu finden. Beschäftigen Sie sich einige Minuten lang mit etwas anderem. Konzentrieren Sie sich auf eine Sendung im Fernsehen, ein Buch, eine Zeitschrift, ein Videospiel etc. Auf diese Weise vergessen Sie den Drang, etwas zu essen. Was für das Fernsehen gilt, lässt sich auf andere Dinge übertragen: Konzentrieren Sie sich auf das, was Sie gerade tun. Essen Sie zum Beispiel nicht beim Lesen. Lernen Sie, volle Zufriedenheit aus der Aktivität zu ziehen, bei der Sie gerade sind.

Dahinter steckt die Idee, dass Sie zwischen den Mahlzeiten nichts mehr zu sich nehmen, schon gar keine Naschereien. Finden Sie eine andere Möglichkeit, die Langeweile zu vertreiben oder sich zu belohnen.

Kleingeld ist das wichtigste Tauschmittel für Naschwerk wie Chips, Schokolade, Kekse, Limonade und so weiter. Leeren Sie Ihr Portemonnaie in ein Sparschwein, bevor Sie morgens aus dem Haus gehen. Es wird Ihnen schwer fallen, eine Kollegin nach Kleingeld für eine Tafel Schokolade zu fragen, besonders wenn sie weiß, dass Sie auf Diät sind, oder wenn Sie zusammen ins Fitness-Studio gehen. Apropos Fitness, wann haben Sie sich zuletzt sportlich betätigt? Wann saßen Sie zuletzt auf einem Spinningrad oder waren auf dem Laufband joggen?

## Reden Sie mit sich

Sobald Sie das Bedürfnis verspüren, in Ihrem Süßigkeitenvorrat zu stöbern, nehmen Sie sich Zeit, um sich selbst ins Gewissen zu reden und diesen Gedanken aus dem Hirn zu vertreiben. Sie können durch die Kraft Ihrer Gedanken auf Ihr Unterbewusstsein einwirken und die schlechten Ideen verjagen, die von Ihnen Besitz ergriffen haben.

Wenn Sie also Lust auf Essen haben, sagen Sie sich immer wieder: »Ich habe was anderes zu tun!«, »Ich habe keinen Hunger!«, »Ich habe nur Appetit!« oder auch: »Ich darf der Versuchung nicht erliegen«, »Ich darf der Versuchung nicht erliegen«, »Ich darf der Versuchung nicht erliegen«.

Halten Sie diese Übung dreißig Sekunden lang durch. Sie können sie auch mit einem der anderen Tricks aus diesem Kapitel kombinieren, zum Beispiel, indem Sie Ihr Foto im Badeanzug dabei anschauen. Sie müssen selbst den Zauberspruch finden, der für Sie am besten ist und Sie am effektivsten vom Naschen abhält.

## Machen Sie nicht länger Umwelt und Umfeld verantwortlich

Flucht ist häufig die Lösung, die uns am nächstliegenden, am sichersten erscheint. Wir entziehen uns unseren Pflichten unter irgendeinem Vorwand, um nicht tun zu müssen, was wir tun sollen. Manche betreiben es geradezu als Sport, die Umwelt oder bestimmte Situationen für ihre Unfähigkeit verantwortlich zu machen. Statt uns unseren Problemen zu stellen, suchen wir Zuflucht im Essen, wobei wir Mitmenschen oder Umständen die Verantwortung für unsere falsche Ernährung zuschieben. Wenn Sie die Fresslust überkommt – weil Ihr Gefühlsleben Karussell fährt oder weil sich eine unangenehme Aufgabe nicht länger aufschieben lässt –, nehmen Sie sich die Zeit, darüber nachzudenken, dass Sie ganz allein schuld daran sind, wenn Sie diesen Fressimpuls nicht unterdrücken können.

Distanzierung verspricht ein gutes Gewissen und so finden Sie immer wieder altbekannte Ausreden:

- Es liegt nicht an mir, mittags gehe ich oft auswärts essen.

- Es liegt nicht an mir, da war ein Buffet. Was hätte ich denn tun sollen?
- Es liegt nicht an mir, Kinder mögen nun mal keinen Salat. Ich habe keine Wahl, ich mache ihnen eben etwas anderes ... und dann esse ich das auch.
- Es liegt nicht an mir: Alle haben Bier getrunken, da konnte ich doch schlecht ein stilles Wasser bestellen.
- Die Desserts hättest du sehen müssen! Wie hätte ich da widerstehen sollen?

Jemand ist uns auf den Nerven herumgetrampelt und aus Rache fressen wir uns ein oder zwei Kilo an? Was für ein Unsinn! Wenn Sie wissen, dass das Verhalten eines Mitmenschen oder bestimmte Situationen bei Ihnen Fressanfälle auslösen können, halten Sie inne und unterziehen Sie sich einer Gewissensprüfung. Machen Sie sich klar, dass allein Sie darunter leiden werden. Nur Sie sind schuld, wenn Sie ein paar Tage später einige Kilo mehr auf die Waage bringen. Sie müssen sich deutlich vor Augen führen, dass Sie die Konsequenzen Ihres Handelns zu tragen haben. Deshalb sollten Sie möglichst lieber zwei- als nur einmal nachdenken, bevor Sie aktiv werden.

## Eine kleine Schreibübung

Sorgen Sie dafür, dass Sie stets Zettel und Stift zur Hand haben. Ich empfehle sogar ein Tagebuch, in das Sie schreiben, was Sie empfinden. Ob Sie traurig, melancholisch, glücklich und überschäumend vor Freude sind oder ob Sie unter Langeweile oder Frust leiden – nehmen Sie bei Naschsucht Papier und Stift zur Hand. Schreiben Sie auf, wie Sie sich fühlen, und vor allem, warum Sie dem Gedanken nicht nachgeben werden, aufzustehen und etwas zu essen zu suchen.

Es gibt nichts Besseres als Schreiben. Wenn Sie keine Übung darin haben, tun Sie sich vielleicht anfangs etwas schwer. Doch Sie werden schnell Geschmack daran finden und überrascht sein, was Sie schon alles auf Papier gebannt haben. Man merkt gar nicht, wie die Zeit vergeht. Manchmal erscheinen einem die Tage öde und langweilig, manchmal sollten sie 48 Stunden dauern, damit man alles erledigen kann. Machen Sie sich alles, was Sie tun, bewusst, halten Sie alles fest – etwa Gespräche, die Sie geführt haben, oder Begegnungen mit Menschen. Sie werden feststellen, dass Sie eine ganze Menge zu erzählen haben.

Passiert es Ihnen auch manchmal, dass Sie zu Beginn des Wochenendes zweihundert Mark in der Tasche haben und am Sonntagabend stellen Sie fest, dass nichts mehr davon übrig ist? »Ich hab' das Geld sicher irgendwo anders hingetan. In einer anderen Jacke sind bestimmt noch fünfzig Mark, oder auf dem Schreibtisch oder in der Handtasche, das gibt's doch gar nicht!« Wenn Sie dann überprüfen, was Sie am Wochenende alles gemacht haben, dass Sie zum Beispiel im Restaurant waren und anschließend noch etwas trinken gegangen sind, dann wird Ihnen klar, dass Sie das Geld nicht verlegt, sondern bis auf den letzten Pfennig ausgegeben haben. Das Gleiche gilt für das Essen. »Warum nehme ich nur zu, warum nehme ich nicht ab? Ich esse doch gar nicht so viel.« Sobald es schwarz auf weiß festgehalten ist, springt uns die Wahrheit ins Gesicht!

Schreiben ist eine ausgezeichnete Therapie. Es wird Ihnen Spaß machen, die Höhepunkte Ihres Alltags zu erzählen. Genauso wichtig ist es aber, über Gefühle zu schreiben, darüber, was in Ihrem Innersten vorgeht. Wie haben Sie sich heute Morgen gefühlt, als Sie mit Ihrem Partner über ein heikles Thema gesprochen haben? Beschreiben Sie die Freude, die Sie beim Telefonat mit Ihrer Tochter empfanden oder bei der Begegnung mit einem Menschen, den Sie seit Ewigkeiten nicht gesehen haben. Nehmen Sie sich die Zeit, einen angenehmen Moment, ein zufrieden stellendes Ereignis oder die Schönheit von Dingen bis ins winzigste Detail und mit all Ihren tiefsten Empfindungen aufs Papier zu bringen.

Schreiben Sie, worüber Sie schreiben wollen. Schaffen Sie sich ein geheimes Paradies, wo Sie über Ihr Eheleben, Ihren Partner, Ihre Kinder, Ihre Leiden und Freuden sinnieren können. Kurz, alles, was Ihnen durch den Kopf geht, hat Platz in diesem Heft. Schreiben und Gefühle zu Papier bringen ist das beste Mittel gegen Naschsucht, vor allem dann, wenn Sie genau darüber schreiben.

Warum soll ich mich beherrschen? Welche negativen Auswirkungen hat es, wenn ich aus Frust esse? Wie fühle ich mich, wenn ich meiner Fresslust widerstehe? Schreiben Sie auf, wie stark Sie sind und wie groß Ihr Wille ist. Wie kommt es, dass Sie bei anderen Sachen einen ungeheuren Willen an den Tag legen, um den jeder Sie beneidet, aber nicht in der Lage sind, einem Stück Schokolade oder einer Hand voll Chips zu widerstehen? Je mehr Sie schreiben, desto mehr Mut machen

Sie sich selbst, indem Sie Ihr Seelenleben durchleuchten, und desto großartiger wird das Ergebnis sein.

Sie können auch schriftliche Visualisierung betreiben. Beschreiben Sie Ihr »neues Leben« – notieren Sie, wie Sie sich fühlen werden, wenn Sie erst einmal abgenommen haben und keine Fressanfälle mehr bekommen. Halten Sie alles im Detail fest, was Bekannte an Lob und Bewunderung über Ihre Figur und Ihr Durchhaltevermögen über Sie ausschütten. Erzählen Sie, wie ungeduldig Sie auf den nächsten Sommer warten, damit Sie endlich etwas Neues zum Anziehen kaufen oder die Jeans vom letzten Jahr tragen können, die Ihnen so gut stand. Lassen Sie Ihrer Fantasie auf diesen Seiten freien Lauf, erfinden Sie eine Geschichte, Ihr eigenes Märchen! Schreiben kostet nichts und kann Ihnen völlig neue Horizonte eröffnen. Wenn Sie Katzenjammer haben und emotional labil sind, können Sie das Geschriebene noch einmal lesen, insbesondere die Abschnitte über schöne Momente, die Sie sich ausgemalt haben und die wahr werden könnten.

## Schreibübung 1

Einer der Tricks, den ich Ihnen wärmstens empfehle, ist folgender. Achten Sie darauf, dass Sie dieses Buch immer zur Hand haben, damit Sie es im Notfall konsultieren können. Sie fühlen, dass Sie schwach werden? Nehmen Sie sich die Liste mit den Tricks vor, setzen Sie sich bequem hin, atmen Sie dreimal tief durch und konzentrieren Sie sich auf das Lesen.

Wenn Sie schwach werden, schauen Sie sich die folgende Seite an. Dort notieren Sie 15 Gründe, warum Sie der Versuchung nicht widerstehen und warum Sie aufhören sollten, aus Frust zu essen.

Denken Sie gut nach. Schreiben Sie die Gründe auf ein Blatt Papier, bevor Sie sie hier eintragen. Sie werden Sie anregen, ermutigen und Ihren Willen stärken.

Beispiele? Ich will nächsten Sommer schön und schlank sein. Wenn ich mich beherrsche, werde ich abnehmen, glücklicher und besser in Form sein usw. Notieren Sie auch Ihre Sorgen und was Ihnen wirklich zu Herzen geht.

## 15 Gründe, warum ich nie mehr aus Frust esse

1. ______________________________

______________________________

2. ______________________________

______________________________

3. ______________________________

______________________________

4. ______________________________

______________________________

5. ______________________________

______________________________

6. ______________________________

______________________________

7. ______________________________

______________________________

8. ______________________________

______________________________

9. ______________________________

______________________________

10. ______________________________

______________________________

11. ______________________________

______________________________

12. ______________________________

______________________________

13. ____________________________________________

____________________________________________

14. ____________________________________________

____________________________________________

15. ____________________________________________

____________________________________________

## Schreibübung 2

Die zweite Schreibübung, die ich Ihnen empfehle, sieht so aus: Erstellen Sie eine Liste von Aktivitäten, die Sie gern unternehmen, die Ihnen viel Befriedigung bringen und die schnell und unkompliziert zu machen sind. Nutzen Sie dafür den Platz auf der nächsten Seite. Wenn Sie allein zu Hause sind und vor lauter Langeweile der Frusthunger zuschlägt, können Sie diese Liste durchgehen.

Beispiele? Ein Bad nehmen, nähen, in einem Roman lesen, fernsehen oder Ihren Lieblingsfilm auf Video anschauen, Musik hören, spazieren gehen, im Internet surfen, Pflanzenbücher durchblättern und die nächste Gartensaison planen, Kreuzworträtsel lösen usw.

## Die kleinen Freuden meines Lebens

1. ______________________________

______________________________

2. ______________________________

______________________________

3. ______________________________

______________________________

4. ______________________________

______________________________

5. ______________________________

______________________________

6. ______________________________

______________________________

7. ______________________________

______________________________

8. ______________________________

______________________________

9. ______________________________

______________________________

10. ______________________________

______________________________

11. ______________________________

______________________________

12. ______________________________

______________________________

13. ______________________________________________

______________________________________________

14. ______________________________________________

______________________________________________

15. ______________________________________________

______________________________________________

## Nicht vergessen ...

Sicher kennen Sie den Spruch: »Ein leckeres Stück Schokolade ist eine Minute im Mund, eine Stunde im Magen ... und ein Leben lang auf den Hüften!« Unbedingt aufschreiben und irgendwo gut sichtbar anbringen.

## Greifen Sie zum Telefon

Wenn Sie im Büro oder zu Hause allein sind und spüren, dass Sie kurz davor stehen, gegen Ihre Diät zu verstoßen, oder wenn Sie schon seit Tagen gegen diesen Drang ankämpfen müssen und die Gefahr droht, dass Sie den Kampf gleich verlieren, dann hängen Sie sich ans Telefon und starten Sie einen SOS-Rundruf. Familienmitglieder, beste Freundinnen oder Ihr Mann im Büro – alle sollen wissen, dass Sie versuchen, Ihre schlechte Angewohnheit zu unterdrücken und dass Sie jetzt dabei Hilfe brauchen. Scheuen Sie sich nicht, jemanden anzurufen und die Person am anderen Ende der Leitung zu bitten, Sie bei Ihrem Kampf zu unterstützen. Wechseln Sie dann rasch das Thema. Sie werden bald feststellen, dass Sie nicht mehr ans Essen denken.

## Bewegen Sie sich

Auch wenn Sie vielleicht zu den Sesselsitzern gehören und sportlichen Aktivitäten gegenüber eher abgeneigt sind, sollten Sie wissen, dass Bewegung unglaublich viel bringt, auch wenn Sie nicht gleich Leistungssport betreiben. Ich betrachte mich überhaupt nicht als sportlich. Ich bin schon mal Ski gefahren, habe eine Zeit lang Volleyball gespielt und bin schwimmen gegangen. Und ich war Mitglied in einem Fitness-Studio; allerdings hatte ich oft zu wenig Zeit oder Motivation, um zum

Training zu gehen. Im Sommer hält mich mein Hobby, die Gartenpflege, ziemlich auf Trab und das ist genauso gut wie Laufen oder das Fahrradfahren. Allerdings habe ich mir angewöhnt, jeden Tag nach Feierabend mit meinem Mann einen Spaziergang zu machen. In dieser Zeit – zwischen 30 Minuten und einer Stunde – reden wir über alles Mögliche, während wir ordentlich ausschreiten. Außerdem können wir dabei die Gärten der Nachbarn bewundern, die vor allem an Weihnachten und Ostern besonders schön geschmückt sind.

Sie haben Hunger? Vergessen Sie die Fresslust und gehen Sie stattdessen an die frische Luft. Atmen Sie bewusst und tief ein und aus. Wenn Sie sich ein bisschen bewegen, Sport treiben oder sonst irgendeine körperliche Aktivität beginnen, werden Sie die Wirkung ziemlich bald spüren. Vergessen Sie außerdem nicht den motivierenden Faktor, dass Sie dabei Kalorien verbrennen und mithin Gewicht verlieren – und das ist schließlich Ihr Ziel.

## Entwickeln Sie ein Belohnungssystem

Der Versuchung zu widerstehen ist nicht immer leicht. Mir ist es schon passiert, dass ich bereits den allerersten Bissen in ein Stück Kuchen bereute. Doch der Prozess war unumkehrbar in Gang gesetzt und das Kuchenstück verschwand unaufhaltsam in meinem Magen. Heute wende ich bei solchen Gelegenheiten einen Trick an. Um genau diesem Verhalten vorzubeugen, habe ich ein Belohnungssystem entwickelt. Idealerweise ist dafür gesorgt, dass die Umstände zu meinen Gunsten stehen, also nichts im Haus ist, das mich verführen könnte. Aber wenn die Lust auf eine Zwischenmahlzeit allzu groß wird, nehme ich mein Belohnungssystem zu Hilfe. Man muss dabei natürlich ehrlich zu sich sein und darf nicht tricksen.

Und so funktioniert es: Ich sage mir zum Beispiel, wenn ich einer großen Versuchung widerstehe, brav bleibe und mich nicht dem Exzess hingebe, gönne ich mir in ein paar Stunden oder am nächsten Tag eine Entschädigung, ein Geschenk, etwas, das ich schon immer haben wollte und das mir wirklich Freude macht. Das kann eine Zeitschrift über Wohnungseinrichtung sein, Badeschaum oder ein Roman, den ich schon länger lesen wollte. Oder auch etwas ganz anderes: ein Überraschungsbesuch bei einem Freund, ein Spaziergang an einem schönen Ort, etwa in einem blühenden Park. Dieses Belohnungssystem wird auch in der Verhaltenstherapie bei den unterschiedlichsten Problemen angewandt.

## Leben Sie Tag für Tag

Die Anonymen Alkoholiker empfehlen das Prinzip, einen Tag nach dem anderen zu leben. Probleme lassen sich viel leichter anpacken, wenn man sie sich in kleineren Dosen zuführt – das gilt auch für viele andere Bereiche. Wenn Sie sich nur auf die nächsten 24 Stunden konzentrieren und eine Sache nach der anderen angehen, haben Sie sicherlich bessere Chancen auf Erfolg, als wenn Sie immer alle Probleme auf einmal lösen wollen. Dann türmen sie sich wie ein unüberwindlicher Berg vor Ihnen auf und Sie fragen sich verzweifelt, wie Sie das alles schaffen sollen.

Füllen Sie Ihren Tag mit Leben, so dass Sie, wenn Sie abends ins Bett gehen, stolz auf das sein können, was Sie in den zurückliegenden Stunden alles erledigt haben. Ich habe im Lauf der Zeit gelernt, dass es überhaupt keinen Sinn hat, sich den Kopf wegen Vergangenem zu zerbrechen. Man kann Bedauern oder Schmerz empfinden, aber ändern lässt sich nichts mehr. Leben Sie Tag für Tag, stellen Sie sich keine Fragen und grübeln Sie nicht, wie Sie wohl in zehn Jahren sein werden oder wie ihr Leben aussehen wird.

Fragen Sie sich lieber, was Sie jetzt gern tun würden – für sich selbst und für Ihre Mitmenschen. Stellen Sie sich vor, wie Ihr Leben im Kreis Ihrer Lieben aussehen könnte. Überlegen Sie dies für die kommenden zwölf Monate. Schließlich kann man die guten Vorsätze von Silvester jeden Tag und zu jeder Jahreszeit umsetzen. Erstellen Sie eine Liste für kurzfristige Projekte.

Wie Sie sehen, komme ich immer wieder auf das Schreiben zurück. Für mich war es eine echte Entdeckung und ist es ein fantastischer Zeitvertreib. Die Dinge auf diese Weise zu reflektieren hilft einerseits, sich realistischere Ziele zu stecken, andererseits erspart es eine Menge Mühe und Anstrengung.

## Reden Sie mit anderen

Einer der Tricks in diesem Kapitel besteht darin, dass man zum Telefon greift, wenn man Hilfe braucht. Tatsache ist, dass Kommunikation erheblich dazu beiträgt, das Ziel zu erreichen. Wenn Sie jemanden bei sich zu Hause haben, erzählen Sie ihm oder ihr, was Sie empfinden. In den meisten Fällen stürzt man sich aufs Essen, wenn man Probleme hat. Sie brauchen also jemandem, dem Sie Ihr Herz ausschütten können.

Über Freunde, Eltern und Kollegen hinaus gibt es besondere Anlaufstellen für Menschen, die Probleme haben. Zunächst müssen Sie einschätzen, welche Art von Hilfe Sie brauchen. Haben Sie Probleme mit Ihren Kindern? In Ihrer Beziehung? Leiden Sie unter finanziellen Schwierigkeiten? Manche Firmen bieten für Mitarbeiter und deren Angehörige entsprechende Programme an. Scheuen Sie sich nicht, sie zu nutzen, sie können Ihnen helfen, Ihre Einstellung zu Arbeit und Alltag neu zu definieren. Diese Programme gibt es auch für Menschen, die körperlich oder psychisch krank sind oder Alkohol- oder Drogenprobleme haben. Finanzexperten, Eheberater, Mitarbeiter vom Jugendamt bieten professionelle Unterstützung an. Das gilt vor allem für jene Leserinnen, bei denen das Frustfressen mehr als nur eine Ess-Störung ist.

## Machen Sie Ihren Partner zum Verbündeten

Kommunikation ist, wie gesagt, essenziell für Ihren Erfolg. Deshalb sollten Sie unbedingt die Person, die Ihnen am meisten helfen kann, nämlich Ihren Partner, einweihen, wenn Sie aufhören möchten, aus Frust zu essen. Sie stimmen sicherlich mit mir überein, wenn ich behaupte, dass es weitaus schwieriger ist, auf Chips zu verzichten, wenn sich der Sofanachbar ungeniert den Bauch damit vollschlägt! Bitten Sie ihn, Sie zu unterstützen, Sie zu ermutigen, mit Ihnen zu reden, wenn Sie das Bedürfnis danach haben. Ebenso wie das Schreiben wird es eine Wohltat für Sie sein, mit Ihrem Partner darüber zu sprechen, was Sie beunruhigt, entmutigt, beschäftigt. Die Meinung einer nahe stehenden Person, die Sie kennt, wird Ihnen zweifellos eine große Hilfe sein.

Sie können auch ein Abkommen mit Ihrem Partner schließen, zum Beispiel nach diesem Muster: »Sobald ich etwas essen will, das dick macht, sage ich dir Bescheid.« Das funktioniert natürlich nur, wenn er nicht über das Ziel hinausschießt und Ihnen mit ständigen Ermahnungen auf die Nerven geht.

## Bauen Sie die Spannung ab

Wenn man von einem starken Gefühl übermannt oder von einem Ereignis völlig aus der Bahn geworfen wird, darf man nicht um jeden Preis versuchen, seine Emotionen zu beherrschen. Man muss zunächst wieder Ordnung in seine Gedanken bringen, Prioritäten setzen und eine andere Quelle der Befriedigung suchen als das Essen. Vor allem muss man sich die Zeit nehmen, die Situation zu analysieren. Wenn uns Gefühle überwältigen, ist die Versuchung oft so stark, dass wir alles liegen und stehen lassen, um uns auf etwas Essbares zu stürzen, das uns Befriedigung verschaffen soll. Halten Sie kurz inne und analysieren Sie die Lage. Auf diese Weise gewinnen Sie ein wenig Kontrolle über sich zurück und können die Dinge nüchterner betrachten.

Wenn Sie allein sind und bereits die Erfahrung gemacht haben, dass Ihnen das gut tut, dann schreien Sie laut, um ein wenig Spannung abzubauen. Auch Atemübungen können sehr wirkungsvoll sein. Atmen Sie tief ein, dann langsam wieder aus, während Sie im Geiste von 15 herunterzählen. Versuchen Sie dabei, an nichts zu denken. Wiederholen Sie die Übung ein- oder zweimal und Sie werden eine beruhigende Wirkung feststellen.

# 5
# ÄNDERN SIE IHRE EINSTELLUNG

Wenn wir unser Essverhalten begreifen wollen, müssen wir zunächst zurück in die Tiefen unserer Vergangenheit. Die meisten Spezialisten teilen die Meinung, die ich im 3. Kapitel angeführt habe: Der Mensch ist im Wesentlichen das Resultat seiner Erfahrungen. Vom ersten Moment unseres Lebens an, wenn wir als Baby zum ersten Mal Nahrung zu uns nehmen, entwickeln sich unsere Essgewohnheiten. Schon ein oder zwei Faktoren von damals können erklären, wie wir in das Abhängigkeitsverhältnis zum Essen respektive zu bestimmten Nahrungsmitteln geraten sind.

Wenn Sie als Kind regelmäßig Gemüse bekommen und gelernt haben, ein Steak in verschiedenen Zubereitungsformen zu schätzen, stehen die Chancen gut, dass diese Dinge heute auf Ihrem Speisezettel zu finden sind. Leider gilt das Gleiche auch für die Lebensmittel, die für jeden Gift sind, der auf sein Gewicht achten will. Menschen, die von Kindesbeinen an Trost und Sicherheit im Essen suchen, können durch bestimmte traumatisierende Situationen geprägt worden sein. Wenn man sich als Kind etwas Gutes tun will, wählt man natürlich nicht die gesunden Sachen aus. Man nimmt das, was einem am besten schmeckt und am meisten Befriedigung verspricht – wie Schokolade, Bonbons und Ähnliches. Wenn Sie ein traumatisches Erlebnis gehabt haben und der Meinung sind, dass nur ein Spezialist noch helfen kann, zögern Sie nicht, einen aufzusuchen. Sie werden lernen, mit sich selbst Frieden zu schließen und denen zu vergeben, die Ihnen wehgetan haben. Und Sie werden mit dieser Situation, die Ursache Ihres Problems ist, besser umgehen können.

Eine Tatsache aber bleibt unverrückbar: Unsere Gewohnheit, unser Geschmack, unsere Reaktionen und unser Verhalten sind fest in uns verankert. Wenn wir in unserem Leben etwas grundlegend verändern wollen, müssen wir unser Gehirn umprogrammieren. Das ist keine leichte Aufgabe, aber mit dem entsprechenden Willen durchaus zu bewältigen.

Viele Frauen meiner Generation – ich bin 43 – sind in einem System von Belohnung und Bestrafung aufgewachsen. Eine der beliebtesten Strafen war natürlich die Streichung des Nachtischs. In wie vielen Haushalten gehörte dieser Satz zum Standardrepertoire: »Wenn du dein Fleisch nicht aufisst, gibt es keinen Nachtisch.« Eine Katastrophe! In einem Haus, in dem Süßigkeiten nur nach einem festen Plan gewährt und üppige Desserts serviert wurden, war das die schlimmste Strafe für Kinder. Man hätte ihnen genauso gut androhen können, sie früher ins Bett zu schicken, sie ihre Lieblingssendung nicht anschauen zu lassen, sie nicht zum Spielen zu Freunden zu lassen oder zum Nachdenken auf ihr Zimmer zu schicken.

Die Belohnung wurde meist in Form von Süßigkeiten oder einem Nachtisch gewährt. Der Satz »Iss dein Gemüse (oder das Fleisch), dann bekommst du auch einen Nachtisch«, war sicher immer wieder zu hören, wenn sich Eltern und Kinder am Tisch gegenüber saßen. Auch heute noch benutzen Eltern diese Methode, die dafür sorgt, dass Süßigkeiten und Schleckereien für Kinder buchstäblich auf ein Podest gehoben werden. Nach Ansicht von Spezialisten sollte Zucker heute vollständig aus der Nahrung verbannt werden, vor allem bei Kindern. Auf diese Weise könnten ihre zukünftigen Essgewohnheiten positiv beeinflusst werden.

## Was wir für unsere Kinder kaufen

Ich habe stets versucht, meiner Tochter Julie, die heute 20 ist, ein gesundes Essverhalten anzuerziehen. So wie meine Eltern bei mir verfuhren, habe ich Wert darauf gelegt, sie nicht zu sehr mit Süßigkeiten zu verwöhnen. Ich hob sie möglichst für besondere Gelegenheiten auf. Auf jeden Fall wollte ich vermeiden, dass Julie spezielle Gelüste auf diese Sachen bekommt. Wenn man allein erziehend ist, sind die finanziellen Möglichkeiten meist eher mager, um nicht zu sagen sehr eingeschränkt. Zumindest bei mir war das so. Doch die Vernunft sagt uns, wir müssen gesunde Dinge einkaufen, wenn uns an einer guten Ernährung für unser Kind gelegen ist.

Aber wir müssen zugeben, dass doch oft die Bequemlichkeit siegt. Sandwiches, Butterbrote, Fertig- oder Tiefkühlgerichte sind schnell zur Hand, vor allem wenn man ganztags arbeitet und nicht viel Zeit hat, Mittag- und Abendessen zuzubereiten. In meinem Fall war die Versuchung oft sehr groß, auf Fastfood-Gerichte zurückzugreifen, und ich bin ihr auch immer wieder erlegen. Aber ich wollte unbedingt verhindern, dass Julie solche

Probleme bekommt wie ich. Sie sollte auf gar keinen Fall ihre Ernährung vernachlässigen, um am Ende an Fressattacken zu leiden.

Wie alle Kinder liebte Julie Süßigkeiten, aber sie lernte im Lauf der Jahre, wie wichtig eine gesunde Ernährung ist. Ich kann auch von Glück sagen, dass sie nicht dazu neigt, aus Frust zu essen. Wir beide haben immer großen Wert auf Kommunikation gelegt. Sie hat sich angewöhnt, ihre Gefühle zu zeigen, und ich bin überzeugt davon, dass das erheblich dazu beiträgt, dass sie sich in ihrer Haut wohl fühlt. Es ist sehr befriedigend zu sehen, dass die Mühe, die ich mir bei der Erziehung meines Kindes gegeben habe, nicht umsonst war. Ich bin stolz darauf, dass sie heute eine hübsche und gesunde junge Frau ist. Wenn sie eines Tages selbst ein Kind hat, wird sie ohne Zweifel dafür sorgen, dass es gute Essgewohnheiten annimmt.

## Mögliche Veränderungen

Wenn man weiß, dass man Probleme hat, mit seinen Gefühlen zurechtzukommen, und sich das in Gewichtszunahme äußert, darf man nicht resignieren und glauben, dass dieser Zustand nun ein Leben lang andauern wird. Gefühle lassen sich in den Griff bekommen, Verhaltensweisen ändern. Wichtig ist nur, dass man wirklich fest entschlossen ist, den Stier bei den Hörnern zu packen.

Andererseits muss man aber auch aufpassen, dass man sich nicht verzettelt. Wenn man zu viel auf einmal will, gehen die großen Vorhaben oft baden und die guten Vorsätze lösen sich in Wohlgefallen auf. Wichtig sind Geduld, Vertrauen und Entschlossenheit. Man streicht die Wände eines Zimmers nicht, während man dabei ist, es einzurichten oder Gäste zu empfangen. Man geht Schritt für Schritt vor, Tag für Tag, langsam, aber stetig.

Im vorangegangenen Kapitel haben Sie einige Tricks kennen gelernt, die helfen, den Fressattacken ein Ende zu bereiten. Es wäre schön, wenn Sie wie ich einen oder mehrere davon in die Tat umsetzen und lernen, sich dadurch besser zu beherrschen. Im Grunde aber ist jedem Betroffenen klar, dass das Problem in der Regel wesentlich tiefer wurzelt.

Gehen wir zunächst an unsere Essgewohnheiten. Oft müssen wir erst aus der Reserve gelockt werden, um wirklich etwas an unserem Essverhalten zu ändern oder ein paar schädliche Bestandteile von unserem Speisezettel zu streichen. Die Gründe, warum man sich immer wieder davor drückt, aktiv zu werden, sind klassisch: »Mir fehlt der Wille«, »Ich habe keine Zeit, mir etwas Richtiges zu kochen«, »Ich esse dies oder das einfach so gern«, »Ich habe im Leben nur ein Vergnügen und das ist Essen!« usw. Erst wenn man mit dem Rücken zur Wand steht und keine Wahl mehr hat, entschließt man sich endlich zum Handeln. Oft sind es negative Anlässe, die jemanden dazu bringen, seine Ernährung umzustellen. Gründe gibt es viele: gesundheitliche Probleme, man kann sich nicht mehr im Spiegel sehen oder will die kränkenden Kommentare oder die schlechten Scherze von anderen nicht mehr ertragen.

Ich denke, man sollte lieber positive Gründe haben, um seine täglichen Ernährungsgewohnheiten zu ändern und abzunehmen. Vielleicht haben Sie einen neuen Mann kennen gelernt, der Ihr Herz höher schlagen lässt, oder Sie wollen sich mal wieder was Schönes zum Anziehen kaufen. Jede von Ihnen findet sicherlich tausend gute Gründe, um zur Tat zu schreiten.

## Die Organisation

Meist verläuft das Leben ziemlich hektisch. Aufgerieben zwischen Arbeit, Ehe, Kindererziehung, Haushalt, Freunden, Eltern und verschiedenen sozialen Aktivitäten hat man oft den unguten Eindruck, keine Zeit mehr für die Dinge zu haben, die man eigentlich gern tun würde. Wenn ich am Sonntagabend ins Bett gehe, denke ich oft, das Wochenende ist wieder wie im Flug vergangen und ich habe nicht einmal die Hälfte von dem erledigt, was ich mir vorgenommen hatte. Sicherlich ist es eine Frage der Organisation, aber trotzdem verfliegt die Zeit in Windeseile. Im Arbeitsalltag beschränken sich viele darauf, rasch zwischen Tür und Angel etwas zu essen, weil die Arbeit wartet. Auch hier heißt das Schlüsselwort »Organisation«.

Wenn Sie schlecht organisiert sind und immer den Eindruck haben, wie ein Hund hinter seinem Schwanz herzujagen, ist es höchstwahrscheinlich auch um Ihre Ernährung schlecht bestellt. Ich habe für mich irgendwann erkannt, dass der Mythos der Superfrau eben nur ein Mythos ist. Mir wurde mit der Zeit klar, dass ich mir viel zu viel auflade, zu Hause und bei der Arbeit, und dass ich oft tiefe Unzufriedenheit und Frust empfinde, weil ich nicht schaffe, was ich mir vorgenommen habe. Gerade im Beruf bekommt man schnell zu viel aufgebürdet. Die außerberuflichen Aktivitäten werden deshalb aber nicht weniger. Kein Wunder, wenn der Druck zu groß wird! Das ist doch wohl ein guter Grund, um im Essen Trost zu suchen, oder?

Häufig machen wir den Fehler, uns so hohe Ziele zu stecken, dass sie unerreichbar sind. Die Enttäuschung ist dann umso schwieriger zu ertragen.

## Schreiben als Organisationshilfe

Im vorangegangenen Kapitel war von der positiven Wirkung des Schreibens die Rede. Ich empfehle Ihnen folgende Übung. Sie wird Ihnen helfen, ein wenig Ordnung in Ihr Leben zu bekommen und sich besser zu organisieren. Später werden wir sehen, wie eine solche Übung Ihnen auch bei der Ernährung nützlich sein kann.

Nehmen Sie abends vor dem Schlafengehen ein Blatt Papier und einen Stift zur Hand und zeichnen Sie mehrere Spalten auf, so viele, wie Sie für Ihren Tagesablauf und Ihre wichtigsten Aktivitäten brauchen. Sie können das Blatt zum Beispiel in fünf Spalten aufteilen, über die Sie »Arbeit«, »Zuhause«, »Liebe«, »Kinder und Familie«, »Einkaufen« schreiben. Notieren Sie in jeder Spalte höchstens zwei Dinge, die Sie am nächsten Tag erledigen müssen. In der Spalte »Kinder und Familie« kann zum Beispiel stehen, dass Sie Ihre Schwester anrufen müssen, um sie für das Wochenende einzuladen. Unter »Einkaufen«, dass Sie Hundefutter besorgen müssen. Beschränken Sie sich zunächst auf zwei Punkte pro Spalte. Halten Sie diese Liste am nächsten Tag immer in Reichweite, damit Sie darauf schauen und nachprüfen können, ob Sie etwas vergessen haben. Abends vor dem Zubettgehen lesen Sie sie noch einmal durch. Schreiben Sie jetzt alles auf, was Sie an wichtigen Dingen im Laufe des Tages gemacht haben und was Sie am Tag zuvor *nicht* notiert hatten. Sie werden überrascht sein, wie viel mehr Sie geschafft haben, also Sie sich vorgenommen hatten, und das wird Sie mit großer Zufriedenheit erfüllen.

Wiederholen Sie diese Übung täglich und erhöhen Sie irgendwann die Anzahl der Dinge, die Sie erledigen wollen, auf drei pro Spalte. Folgen Sie dabei Ihrem eigenen Tempo, fühlen Sie sich nicht gedrängt, die Anzahl Ihrer Aufgaben zu erhöhen. Es ist nicht Ziel der Übung, am Ende zehn oder 15 Punkte in jeder Spalte stehen zu haben. Sie soll Sie vielmehr motivieren und Ihnen helfen, den Tag besser zu organisieren.

Wenn Sie Mitglied in einem Fitness-Studio sind, werden Sie das kennen: Waren Sie einmal eine gewisse Zeit lang nicht dort, ist es zwecklos, sofort zwanzig Minuten auf dem Hometrainer zu strampeln – Sie werden es nicht durchhalten. Sie erreichen damit nur, dass Sie erschöpft und wahrscheinlich auch entmutigt sind, so dass Ihr nächster Besuch in noch weiterer Ferne liegen wird.

Führen Sie die Schreibübung auch am Wochenende fort. Dafür benennen Sie die Spalten anders. Sie könnten zum Beispiel hinzufügen: »Einkaufen«, »Gartenarbeit«, »Haushalt«, »Liebe« usw. Die Spalte »Liebe« kann mehrere Bedeutungen haben. Wenn Sie einen Partner haben, tragen Sie hier zum Beispiel den Vorsatz ein, dass Sie sich bestimmte Zeiten frei halten, um mit ihm allein zu sein. Oder dass Sie ihm mehr Aufmerksamkeit schenken und sich Zeit für Gespräche nehmen wollen. »Liebe« meint aber auch die Liebe, die man sich selbst entgegenbringt, und die kleinen Aufmerksamkeiten, die einem helfen, sich in seiner Haut wohl zu fühlen und sich selbst mehr Wertschätzung zu erweisen. Das kann ein schönes Schaumbad sein, eine Massage in einem Beauty-Center, ein Besuch beim

Friseur oder der Kosmetikerin. Eine Quelle des Wohlbefindens ist es auch, sich eine Stunde lang von einer Freundin die Nägel machen zu lassen.

Wenn Sie allein leben, hält Sie niemand davon ab, sich diese kleinen Schmankerl zu gönnen. Andererseits obliegen Ihnen auch die zuvor erwähnten Pflichten wie Einkauf oder Haushalt.

Wenn Sie einen Partner und Kinder haben, sollten Sie Ihre Familie auf jeden Fall mit einbeziehen. Schließlich leben Sie zusammen! Es gibt keinen vernünftigen Grund dafür, dass die Organisation des Familienlebens und sämtlicher Alltagsarbeiten nur auf Ihren Schultern lasten soll. Wenn das der Fall ist, wird es höchste Zeit, dass Sie den Familienrat einberufen und deutlich machen, dass jeder seinen Teil beizutragen hat und Sie nicht mehr gewillt sind, sich dem ganzen Druck und Stress allein zu stellen.

## Nehmen Sie sich Zeit

Sind Sie im Alltag erst einmal besser organisiert, können Sie immer dann ein Erfolgserlebnis feiern, wenn Sie wieder ein Ziel erreicht haben. Sie werden stolz auf sich sein und jeden Abend, während Sie den Tag Revue passieren lassen, mehrere Anlässe finden, um sich auf die Schulter zu klopfen.

Sicherlich stellt sich dann auch bald das Gefühl ein, dass Sie mehr vom Leben haben. Sie werden nicht mehr den Eindruck haben, dass Ihnen die Sekunden und Minuten zwischen Aufstehen und Zubettgehen nur so durch die Finger rinnen. Sie gewinnen mehr Zeit für sich selbst und vor allem können Sie das Leben und seine schönen Momente viel besser genießen.

Hier noch ein Punkt, der mir sehr am Herzen liegt: Nehmen Sie sich Zeit, intensiv zu leben und jeden Augenblick zu genießen. Ich glaube, wir sind uns des Glücks, am Leben und im Kreise unserer Lieben zu sein, nicht genug bewusst. Allzu oft erinnert uns die brutale Wirklichkeit daran, dass das Glück oft nur an einem seidenen Faden hängt.

Im Juli 1997 starb meine Mutter an Krebs. Wir wussten alle, dass sie krank ist und viel leidet, aber wir hätten nie gedacht, dass sich ihr Zustand so rapide verschlechtern würde. In der ganzen Zeit, in der sie im Krankenhaus lag, hat sie sich nie beklagt. Sie war immer gelassen, obwohl sie genau wusste, dass das Ende bevorstand. Mit großem Mut hat sie sich auf den Abschied vorbereitet. Ihr Tod war für uns alle sehr schwer zu akzeptieren – und ist es noch. Wir hatten uns so viel zu sagen und haben so schöne Momente miteinander erlebt ... Ich vermisse dich, Mamie!

## Prioritäten und Banalitäten

Eine solche Veränderung in unserem Leben rückt Werte und Prioritäten ganz schnell wieder zurecht, das schwöre ich Ihnen. Plötzlich macht man sich Sorgen über seine Gesundheit und rennt beim geringsten Wehwehchen zum Arzt. Auch der gesundheitliche Zustand der Familie ist auf einmal wichtiger. Und Ihnen wird bewusst, wie schnell alles von heute auf morgen völlig unerwartet kippen kann. Opfer von Hirnschlägen, Menschen, die nach Autounfällen behindert blieben, Patienten, die von ihrem Arzt hören, dass sie nur noch ein paar Monate oder ein Jahr zu leben haben, weil in ihnen der Krebs wütet, wissen das aus leidvoller Erfahrung.

Dann stellt man fest, dass man Banalitäten und Nichtigkeiten oft viel zu viel Bedeutung beimisst. Leider gewinnt man diese Erkenntnis oft erst nach einem Unglück, das einen selbst oder nahe Verwandte oder Freunde getroffen hat. Glauben Sie mir, man muss nicht warten, bis eine Katastrophe eintritt, um sich bewusst zu werden, wofür man lebt und dass man sich um sich und seine Lieben kümmern muss.

Man bringt sich wegen Kleinigkeiten unnötig in Stress und vergeudet Energie, während man das Wesentliche vernachlässigt, nämlich intensiv zu leben, Spaß zu haben und sich in seiner Haut wohl zu fühlen. Es ist ebenso dramatisch wie traurig zu sehen, wie mit den Jahren immer mehr geliebte Menschen wegsterben. In einem bestimmten Alter wird einem mit Schrecken bewusst, dass der Weg, der noch vor einem liegt, nicht mehr so lang ist wie der, den man bereits hinter sich hat. Spätestens in diesem Moment sollte man sich zum positiven Denken ermahnen.

Klammern Sie sich nicht an die Vergangenheit, es sei denn, Sie ziehen Lehren daraus, durch die Sie mehr Respekt vor sich selbst gewinnen. Lernen, sich selbst zu respektieren – das ist eines der wichtigsten Ziele überhaupt. Würde und Achtung sind Werte, die zu jeder Zeit gelten müssen.

Wenn ich schöne Momente genieße, die mir Glücksgefühle vermitteln, nehme ich mir die Zeit, mir das bewusst zu machen. Und dann sage ich mir – manchmal sogar laut –, wie glücklich ich in diesem Moment bin und wie gut ich mich fühle. Dass ich mir mein Glück in dem Moment bewusst mache, in dem ich es erlebe, erhöht die Befriedigung zusätzlich.

Man genießt das Leben natürlich viel mehr, wenn man ein gutes Zeitmanagement hat und sich den wesentlichen Dingen des Lebens widmen kann. Ich versuche, von einem Tag auf den anderen zu leben, stolz auf mich zu sein und alles abzuwehren, was an negativen Wellen und Widrigkeiten auf mich einströmt. Dazu gehört eben auch die unglückselige Angewohnheit, sich aus emotionalen Gründen aufs Essen zu stürzen.

## Ein wenig guter Wille

Wir alle wissen, dass es Dinge gibt, auf die wir keinen Einfluss haben, insbesondere Unfälle und Pech jeglicher Art. Anders ausgedrückt, wir können nicht einfach beschließen, Miete und Rechnungen nicht mehr zu bezahlen, keine Kleidung oder Spielsachen für die Kinder oder Dinge für die Wohnung mehr zu kaufen. Andererseits – was das Einkaufen angeht, können wir uns natürlich aussuchen, in welches Geschäft wir gehen. Oder ob wir einen blauen statt einen grünen Pullover kaufen. *Wir* treffen die Entscheidung. *Wir* entscheiden, was uns am besten gefällt. Niemand zwingt mich morgens, Sachen anzuziehen, die ich nicht mag und in denen ich mich nicht wohl fühle. Wenn das trotzdem passiert, bin ich selbst dran schuld. Es gibt solche Tage ...

Koketterie ist ein Wesenszug, der den meisten Frauen eigen ist. Sie wollen sich von ihrer besten Seite zeigen, also sorgen sie zum Beispiel dafür, dass ihre Kleidung farblich aufeinander abgestimmt ist. Kurz: Sie ziehen nicht einfach irgendwas an. Bei mir gilt das Gleiche für die Haare. Niemand verlangt von mir, dass ich mit fettigen, unfrisierten Haaren zum Einkaufen gehe. Ich glaube, das ist vor allem eine Frage des Respekts sich selbst und seinen Mitmenschen gegenüber.

Warum verhalten wir uns in punkto Ernährung nicht genauso? Warum essen wir Chips, obwohl wir wissen, dass uns zum Beispiel ein roter Rock nur steht, wenn wir nicht zu viel auf den Hüften haben? Ich übertreibe natürlich. Aber man kann sich durchaus die Frage stellen, warum wir beim Anziehen, bei der Frisur und beim Make-up so pingelig sind, auf der anderen Seite aber nicht den Willen aufbringen, auf Lebensmittel zu verzichten, die dick machen. Es ist eine Frage der Priorität. Aber wenn Sie wirklich die Absicht haben, Ihr Essproblem zu lösen, müssen Sie auch die notwendige Entschlossenheit beweisen und den Sprung ins kalte Wasser wagen.

Werfen Sie nicht die Flinte ins Korn, bevor Sie überhaupt probiert haben, eine Schlankheitskur zu machen oder Ihre Fressattacken unter Kontrolle zu bekommen. Wie Raucher, denen es schwer fällt, von einem Tag auf den anderen mit den Zigaretten aufzuhören, haben Sie vielleicht Probleme, eingefahrenen Essgewohnheiten abzuschwören. Das ist vollkommen normal. Vielleicht können Sie trotz der Tricks aus dem 4. Kapitel nicht gleich beim ersten Versuch aufs Essen verzichten. Wichtig ist, erste Schritte zu unternehmen und alle Tricks anzuwenden, um den gewünschten Erfolg zu erreichen. Aber erwarten Sie nicht, dass alles in null Komma nichts klappt.

Ich habe in meinem Umfeld häufig Frauen beobachtet – Sie sicherlich auch –, die beschlossen hatten, ein paar Kilo abzuspecken, und zu diesem

Zweck einem äußerst strengen und vor allem mageren Speiseplan folgten. Wie um sich selbst zu überzeugen, versicherten sie eifrig, dass sie Fette, Süßigkeiten, Desserts und Junkfood ersatzlos gestrichen hätten.

Missverstehen Sie mich nicht, diese Frauen sind wirklich willens. Doch ihre Methode ist zu radikal. Sie versuchen, eine selbst erfundene Schlankheitskur durchzuziehen, und glauben zu wissen, welche Lebensmittel für sie schädlich sind und dick machen.

## Der berühmte Montag ...

Meistens beginnt man seltsamerweise an einem Montag, eine Diät zu machen. Also verbieten wir uns mit dem Wochenanfang alles, was wir gern mögen, in der Hoffnung, in wenigen Tagen eine radikale Veränderung der Figur zu erreichen. Wir essen wie die Vögelchen! Nur noch Ersatzmahlzeiten, Salat, viel Wasser und wieder Ersatzmahlzeiten und schon glauben wir uns auf dem richtigen Weg zum Ziel. Sie kennen das Resultat. Nach zwei oder drei Tagen werden wir schwach und stürzen uns auf alles, was uns irgendwie essbar erscheint, ganz besonders auf Süßigkeiten jeder Art.

Ich selbst habe diese Erfahrung oft genug gemacht, um irgendwann darauf zu kommen, dass die Methode von Anfang an zum Scheitern verurteilt ist. Wenn ich heute eine Schlankheitskur machen wollte, würde ich erst einmal eine Ernährungsberaterin konsultieren, um sicherzustellen, dass ich eine ausgewogene Ernährung bekomme, durch die ich langsam, aber stetig abnehme, indem ich mein gesamtes Essverhalten umstelle. Geht es aber darum, meine Emotionen zu beherrschen und nicht mehr im Essen Trost zu suchen, wende ich einige meiner alten Tricks an.

Wenn man beschließt, seine Emotionen oder seine Fresslust in den Griff zu bekommen oder eine Schlankheitskur zu machen, muss man Schritt für Schritt vorgehen. Lernen Sie gerade das Schlittschuhlaufen, dann hoffen Sie ja auch nicht, dass Sie nächste Woche an der Eiskunstlauf-WM teilnehmen dürfen. Aber Sie warten auch nicht darauf, dass Ihnen jemand die Arbeit abnimmt. Sie stolpern vorsichtig voran, dann gleiten Sie ein Stück dahin, machen einen Schritt und so weiter. Vielleicht fallen Sie auch einmal auf die Nase, aber dann stehen Sie eben wieder auf und üben weiter, bis Sie sich auf den Kufen einigermaßen geschickt bewegen.

Ähnlich verhält es sich, wenn wir versuchen, unsere Ernährung umzustellen. Das Beispiel passt überhaupt auf alle Aktivitäten, die wir neu beginnen. Als ich anfing zu nähen, habe ich dabei auch jede Menge Fehler gemacht. Meine Mutter musste mir immer wieder auf die Sprünge helfen, bis ich so weit war, dass ich einigermaßen allein zurechtkam. Oft hat sie meine Arbeiten zu Ende gebracht, bis ich selbst das nötige Selbstvertrauen hatte. Ich bin also auch nicht im Handumdrehen eine gute Hobbyschneiderin geworden.

Das Gleiche passiert, wenn man beschließt, sich beim Essen zu disziplinieren. Lassen Sie mich von einer persönlichen Erfahrung berichten. Vor einigen Jahren war ich mit meiner Tochter allein zu Hause. Sie lag schon im Bett, ich saß vor dem Fernseher. Plötzlich überfiel mich eine unglaubliche Lust auf die Tüte Chips im Vorratsschrank. Ich beschwor mich im Geiste: »Nein, nein, das bringt doch nichts.« Im selben Atemzug sagte ich mir: »Aber es wäre doch so lecker!« Irgendwann ertrug ich dieses Hin und Her nicht mehr, und um der Versuchung nicht mehr länger widerstehen zu müssen, stand ich abrupt auf, nahm die Tüte Chips und warf sie draußen in den Müllcontainer. Ich war stolz auf diese Tat, stolz auf mich. Anschließend setzte ich mich wieder vor den Fernseher. Keine zwanzig Minuten später überkam es mich erneut und ich eilte hinaus, um die Chips aus dem Müll zu fischen.

Schwächeanfälle wie diese zeigen deutlich, wie extrem wir oft sind. Es gibt nur alles oder nichts. Entweder essen wir, als würde das Leben davon abhängen, oder wir verhalten uns asketisch. Wieso, bitte schön, gibt es da keinen Mittelweg? Warum können wir uns nicht auf ein paar Bissen beschränken, wenn uns zwischendurch der Hunger packt?

Die Moral von der Geschicht': Man kann seine Gefühle kontrollieren und es ist auch möglich, die Ernährung umzustellen – aber alles Schritt für Schritt. Sie erhalten Resultate, wenn Sie Geduld beweisen und sich die Chance geben, Ihre Ziele zu erreichen. Sich von einem Tag auf den anderen alles zu versagen, was Sie mögen, wird Sie nur frustrieren. Und die Gefahr ist groß, dass Sie wieder in Ihre alten Gewohnheiten verfallen.

# 6
# FÜHLEN SIE SICH WOHL IN IHRER HAUT

Im Lauf der Zeit entwickeln wir ein Bewusstsein für unser Problem. Egal, was wir ändern wollen: Am besten klappt es, wenn wir uns dabei wohl fühlen. Das gilt sowohl für den privaten als auch für den beruflichen Bereich. Ein alter Hut, aber deshalb nicht weniger wahr.

Die meisten von uns haben immer wieder mit Menschen zu tun, die verängstigt oder frustriert sind und wenig Selbstvertrauen haben. Diese Leute sind mit ihrem Leben nicht zufrieden und nehmen ihr Schicksal nicht an. Kurz, sie fühlen sich nicht wohl in ihrer Haut und bringen das deutlich zum Ausdruck. Vielleicht sind Sie täglich mit solchen Leuten zusammen, bei Ihren sozialen Aktivitäten, in der Arbeit oder sogar zu Hause. Solche Menschen sind meist sauer auf alles und jeden und können sich schwer entspannen. Ihr Verhalten und ihre Ausstrahlung wirkt auf ihre Umgebung deprimierend. Mit all ihren Problemen und manchmal auch durch ihre Einstellung entziehen sie anderen Energie.

Zum Glück haben wir in unserem Umfeld meistens auch Menschen, die ganz anders sind, die inneren Frieden ausstrahlen. Sie haben genug Selbstbewusstsein für zehn! Durch ihre Art, sich zu bewegen oder sich zu kleiden, vermitteln sie den Eindruck, einen eisernen Willen zu haben. Wir beneiden sie, weil sie in der Regel zu den Erfolgreichen gehören und ein Leben führen, das für viele andere unerreichbar scheint.

Zu welcher Gruppe gehören Sie? Oder haben Sie von beiden etwas? Fehlt es Ihnen an Selbstbewusstsein, haben Sie ständig Probleme und fühlen Sie sich in Ihrer Haut nicht wohl? Wenn das der Fall ist, sollten Sie es schleunigst ändern.

Wie wollen Sie die Menschen um sich herum lieben und mit Ihrer Umwelt zurechtkommen, wenn Sie sich selbst nicht wohl fühlen und mit sich Probleme haben?

## Woran liegt's?

Ob man sich in seiner Haut wohl fühlt oder nicht, hängt von verschiedenen Faktoren ab. Es kann ganz unterschiedliche Ursachen für Ihre Unzufriedenheit geben. Sehen Sie die folgende Liste durch und überlegen Sie, was auf Sie zutrifft.

- Ich führe ein langweiliges Leben.
- Ich mag mich selbst nicht.
- Ich habe kein Selbstvertrauen.
- Ich habe das Gefühl, ständig zu versagen.
- Ich ergreife selten oder nie die Initiative.
- Ich wirke auf andere nicht anziehend.
- Ich finde mich zu dick.
- Ich kann nicht anders, als aus Frust zu essen.
- Ich habe immer das Gefühl, dass ich verurteilt werde.
- Die Leute suchen meine Gesellschaft nicht.
- Ich habe das Gefühl, dass meine Meinung nicht zählt.
- Ich halte mich lieber im Hintergrund, als im Mittelpunkt zu stehen.
- Ich habe nie etwas Interessantes zu sagen.
- Ich habe selten Gelegenheit, auf etwas, das ich getan habe, stolz zu sein.

- Mein Liebesleben macht mich nicht glücklich.
- Ich mag meine Arbeit nicht.
- Ich erwarte immer mehr vom Leben.
- Ich glaube, dass das Leben keinen Sinn hat.

Wenn Sie die meisten Aussagen bestätigen können, müssen Sie sehr unzufrieden sein. Und wahrscheinlich frustriert Sie diese Übung noch zusätzlich. Doch sie könnte auch ein auslösender Faktor dafür sein, dass Sie endlich beschließen, Ihr Schicksal in die Hand zu nehmen.

Ich bin von jeher davon überzeugt, dass Menschen, die sich in ihrer Haut wohl fühlen, im Leben erfolgreicher sind, zumal ich jede Menge Beispiele dafür kenne. Selbstvertrauen und Respekt vor sich selbst sind die Grundvoraussetzungen zum Glücklichsein.

Doch glauben Sie nicht, dass sich Ihre Probleme wie durch ein Wunder auf einen Schlag lösen lassen. Dass Sie plötzlich eines Morgens als völlig anderer Mensch aufstehen! Die Arbeit vollzieht sich langwierig und schrittweise – aber sie lohnt sich.

Ich bin sicher, Sie denken jetzt: »Die hat gut reden, sie ist ja auch mit sich zufrieden!« Aber da irren Sie sich gewaltig. Ich kann Ihnen entgegenhalten, ja, ich fühle mich erheblich besser als früher – doch ich bin weit davon entfernt, perfekt zu sein. Vor allem ist mir vor einigen Jahren klar geworden, dass ich aufhören muss, das Opfer zu spielen. Sich nicht als Opfer fühlen, wenn einem etwas nicht so Tolles widerfährt – das ist das Geheimnis des Erfolges und der Trick, der hilft, dass man sich in seiner Haut wohler fühlt. Seit dem Tag, an dem ich das begriffen hatte, war mein Leben nicht mehr wie zuvor. Jedesmal wenn ich frustriert war, mit einer Niederlage konfrontiert wurde, jemanden oder etwas verloren hatte oder vor einer schwierigen Entscheidung stand, stellte ich mir die Frage: »Spiele ich das Opfer oder übernehme ich die Kontrolle?« Es wurde zu einem Automatismus. Durch diese Art, die Dinge zu sehen, habe ich ein völlig neues »Ich« entdeckt.

Der Weg war lang und steinig und er ist noch nicht zu Ende. Wie jedem Menschen passiert es auch mir, dass ich zaudere, mich unter bestimmten Umständen selbst nicht mag, mich in bestimmten Situationen frage, ob ich nun sagen soll, was ich denke, oder lieber die anderen an meiner Stelle agieren lasse. Wenn mir bewusst wird, dass ich einen solchen »Anfall von Negativismus« (wie ich es nenne) erleide, versuche ich, so schnell wie möglich eine Lösung für mein Problem zu finden und vor allem zu verstehen, wo die Ursachen dafür liegen.

Als die Idee für dieses Buch geboren wurde, ergriff mich, das gebe ich gern zu, immer wieder die berühmte Panik vor dem leeren Blatt. Ich hatte keine Ahnung, wie ich sie bekämpfen sollte. Anfangs erschien mir dieses Projekt wie ein riesiges Puzzle und ich war nicht in der Lage, auch nur ein Teilchen richtig zu setzen. Am Ende habe ich es geschafft, weil ich mir gesagt habe, dass ich es kann, wenn ich mich unverzüglich dran setze und Schritt für Schritt vorgehe (das gelang mir nicht zuletzt dank der Unterstützung meines Mannes). Und jetzt bin ich ziemlich stolz auf mich. Dieses Buch zu schreiben hat mir enorm gut getan und mir sehr viel Selbstvertrauen verliehen. Früher hätte ich mir nicht in meinen kühnsten Träumen vorstellen können, ein Buch zu verfassen. Heute habe ich den Kopf voller Pläne und nichts scheint mir mehr unmöglich. Wie die Amerikaner sagen: *The sky is the limit!*

## Nichts ist unmöglich

Ich glaube, man muss sich in erster Linie selbst davon überzeugen, dass nichts unmöglich ist. Jeder kennt Menschen, die es geschafft haben. Sie sollten uns als Vorbilder dienen, damit wir nie vergessen, dass man mit Entschlossenheit oder Willen – welchen Ausdruck Sie auch immer bevorzugen – seine Ziele erreichen kann.

Besonders bewundert habe ich immer die kanadische Sängerin Céline Dion. Wie Millionen andere bin ich von ihrem Können beeindruckt und liebe ihre Stimme. Aber ich habe außerdem großen Respekt vor ihr, weil ich weiß, wie viel Anstrengung es sie gekostet hat, die Erfolgsleiter zu erklimmen. Anfangs war sie nur ein nicht besonders hübsches, kleines Mädchen mit vorstehenden Eckzähnen. Wer hätte damals geahnt – vielleicht von ihrem Manager René Angelil abgesehen –, dass sie eines Tages ein Weltstar und die bekannteste Einwohnerin Quebecs werden würde? Céline Dion hat immer wieder gesagt, dass sie stets an ihren Traum geglaubt habe und entschlossen gewesen sei, alles dafür zu geben. Sie wollte erfolgreich werden und strebte nichts Geringeres als eine internationale Gesangskarriere an, vergleichbar ihrem großen Vorbild Barbra Streisand. Stellen Sie sich vor, wie überglücklich sie gewesen sein muss, als sie zum ersten Mal mit ihr zusammen im Studio stand! Céline Dion hat viele Opfer gebracht und sehr hart gearbeitet, um dorthin zu gelangen, wo sie heute ist.

Oft versuche ich, mich davon zu überzeugen, dass ich genauso entschlossen und willensstark bin wie Céline Dion, dass ich alles erreichen kann, wenn ich mich nur anstrenge. Sie ist ein Vorbild für zahllose Sängerinnen. Alle Frauen sollten sie als Vorbild für Ausdauer nehmen. Vor einigen Jahren habe ich nur geträumt, doch jetzt glaube ich an meine Fähigkeiten. Ich gehe Schritt für Schritt voran, um meine Träume einen nach dem anderen zu erfüllen. Seit etwas mehr als zwei Jahren werden meine Mühen belohnt.

Um erfolgreich zu sein, muss man zunächst einmal einen Blick über den Tellerrand wagen. Man muss sich damit abfinden, dass man seine Anstrengungen verdoppeln muss, um die gesetzten Ziele zu erreichen. Es ist nicht verkehrt, in großen Dimensionen zu denken und zu planen, aber man darf dabei nicht vergessen, dass man nur etappenweise zum Ziel gelangt. Wenn Sie sich leicht erreichbare Ziele setzen, haben Sie schnell das Gefühl, Fortschritte zu machen und Ihrem Traum wieder einen Schritt näher gekommen zu sein. Denken Sie immer daran, dass *alles* möglich ist. Mit ein wenig Glück können Ihre Bemühungen aus Ihnen eine Gewinnerin wie Céline Dion machen. Sie müssen nur dafür sorgen, dass Sie sich mit sich selbst wohl fühlen.

## Bieten Sie Problemen die Stirn

Alles ist möglich – also auch, Selbstvertrauen zu gewinnen, sich selbst als Mensch zu schätzen und seine Probleme zu überwinden. Zunächst aber müssen Sie zwischen inneren und äußeren Problemen unterscheiden.

Innere Probleme nenne ich solche, die uns im Innersten treffen, unser Selbstvertrauen erschüttern und uns das Selbstwertgefühl rauben. Sie mögen sich selbst nicht? Sie möchten abnehmen und aufhören, aus Frust zu essen? Sie haben Probleme damit, auf andere zuzugehen, zu sagen, was Sie denken? Ihr Liebesleben ist ein Desaster? Sie haben gerade eine Trennung hinter sich? Das sind innere Probleme und ihnen kann man sich stellen. Ich habe es getan und tue es immer noch. Manche Phasen übersteht man nur mit Mühe. Die Prüfungen, die einem auferlegt werden, sind nicht immer leicht zu akzeptieren, aber mit Geduld kann man sie bewältigen.

Wir alle speichern Momente der Vergangenheit, die uns als Erinnerungen gelegentlich heimsuchen, uns aus der Bahn werfen und unsere Gefühle durcheinander bringen. Vor nicht allzu langer Zeit habe ich plötzlich begriffen, dass ich buchstäblich zusammenbreche, wenn ich an bestimmte Ereignisse in der Vergangenheit zurückdenke. Das kann die ein paar Tage zurückliegende, verletzende Bemerkung eines Kollegen sein, eine unachtsame Geste oder ein beleidigender Kommentar von einem Exfreund – Dinge, die mir plötzlich in den Sinn kommen, ohne dass ich weiß, warum. Diese alten Geschichten steigen wie Luftblasen an die Oberfläche meines Gefühlsmeeres. Sie machen mich wütend und überlagern manchmal sogar die schönen Erinnerungen an Dinge, die ich mit meiner Tochter, meinen Eltern oder meinem Mann erlebt habe! Warum hält man sich mit so etwas nur auf? Das ist mir ein Rätsel. Offensichtlich prägen sich solche Erlebnisse besonders stark ein und manchmal genügt ein Geruch, ein

Satz oder ein Lied, damit das Gehirn in den entferntesten Hinterstübchen des Gedächtnisses zu kramen beginnt.

Andererseits spüre ich große Kraft und sehr positive Gefühle in mir, wenn ich heute betrachte, was ich schon erreicht habe und was ich noch erreichen werde, sollten meine Träume eines Tages wahr werden. Ich habe gelernt, schlechte Erinnerungen mit Gedanken an die Zukunft zu vertreiben. Sobald ich an die Vergangenheit denke und mein Magen sich verkrampft, drücke ich einen imaginären Knopf, der mich in die Gegenwart oder zu zukünftigen Projekten zurückbringt. Das ist mein neuer Trick, den ich immer anwende, wenn es nötig ist.

Äußere Probleme sind etwas anderes. Sie können finanzieller Natur sein, eine Krankheit, die uns selbst oder eine nahe stehende Person trifft, der Verlust des Arbeitsplatzes, ein Unfall, Pech jedweder Art. Werden Sie sich darüber klar, inwieweit Sie selbst eine Rolle dabei spielen, ob Sie möglicherweise sogar die Ursache des Problems sind. Wenn Sie zum Beispiel so viel Geld ausgegeben haben, dass Ihr Konto nicht mehr gedeckt ist und Sie Ihren Verbindlichkeiten nicht nachkommen können, oder wenn Sie Ihrem Chef mal so richtig die Meinung gesagt haben – dann bleibt Ihnen nichts anderes übrig, als die Konsequenzen zu tragen. Das nenne ich ein äußeres Problem. In solchen Fällen müssen Sie die Kontrolle über Ihr Leben selbst in die Hand nehmen.

Es hat aber auch keinen Sinn, sich selbst Schuldgefühle einzureden nach dem Motto: »Wie konnte ich nur ...!« oder »Das hätte ich anders machen sollen!« Sich über Geschehenes Gedanken zu machen führt zu gar nichts. Die Probleme sind da und Sie müssen sich ihnen stellen. Sie müssen aus Ihren Fehlern lernen, aber Sie dürfen sich nicht in sie verbeißen oder von ihnen entmutigen lassen. Nehmen Sie sie als Erfahrungen, aus denen Sie Ihr zukünftiges Verhalten ableiten.

All diese Probleme können dazu führen, dass man aus Frust anfängt, unmäßig zu essen. Manche Menschen ergeben sich in die Mutlosigkeit und ziehen sich in ein Schneckenhaus zurück in der Hoffnung, dass der Sturm an ihnen vorbeizieht. Andere suchen in Alkohol, Drogen oder Glücksspiel flüchtigen Trost. Die Reaktionen sind vielfältig, weil wir alle uns voneinander unterschieden. Jeder trägt sein Bündel an Emotionen und Erfahrungen mit sich herum.

## Bulimie – eine schwere Krankheit

Sorgen und Ärger aller Art führen immer wieder dazu, dass Menschen – zum überwiegenden Teil Frauen – an Bulimie erkranken. Die Bulimie ist stärker verbreitet, als man glaubt, und sie ist für die Betroffenen extrem schmerzhaft und unangenehm. Wenn Sie glauben, an Bulimie zu leiden – also nicht »nur« an diesen kleinen Fressanfällen, die fast jeden hin und wieder überkommen, wenn er Trost braucht –, dann empfehle ich Ihnen dringend, einen Arzt aufzusuchen. Ich habe vor 15 Jahren eine Frau kennen gelernt, die an Bulimie litt, und ich kann Ihnen versichern, dass ich für nichts in der Welt mit ihr getauscht hätte. Von schweren familiären Problemen belastet, konnte sie einfach nicht mehr aufhören zu essen, bis ihr schlecht wurde. Ihrer besten Freundin beichtete sie, dass sie sich oft den Finger in den Hals steckte, wenn sie wieder eine Fressorgie hinter sich hatte.

Häufig aber offenbaren Bulimikerinnen ihr Problem niemandem und man sieht es ihnen in der Regel auch nicht an. Sie sind nicht zwangsläufig dick. Ganz im Gegenteil, oft können sie ihre Figur halten, weil sie Tricks entwickelt haben, um die aufgenommene Nahrung wieder loszuwerden. Ich weiß, dass die genannte Dame schließlich einen Spezialisten konsultiert und am Ende alles gut überstanden hat.

Wie bei anderen Krankheiten auch liegt die Ursache der Bulimie oft darin, dass ein Mensch nicht in der Lage ist, seine Emotionen auf eine gesunde Weise zum Ausdruck zu bringen. Wir werden uns später noch damit auseinander setzen, wie wichtig das ist. Zunächst aber möchte ich Ihnen ein paar Tricks vorstellen, mit denen Sie Ihr Wohlbefinden steigern und sich selbst mehr Zuneigung entgegenbringen können.

Sich seinen Problemen zu stellen ist weder besonders angenehm noch leicht zu bewerkstelligen. Wer von uns hat sich noch nie gewünscht, eines Morgens aufzuwachen und festzustellen, dass sich alle Probleme wie durch ein Wunder von allein geregelt haben oder dass man im Lotto gewonnen hat? Träumen ist gut, aber leider ist das große Lottoglück nur den wenigsten beschieden. Man muss die Ärmel hochkrempeln und sich an die Arbeit machen, wenn man Lösungen für seine Probleme finden will. Das Minimalprinzip – mit geringstmöglicher Anstrengung zum Ziel kommen – funktioniert in diesem Fall nicht.

Ich habe eine einfache Methode entwickelt, einen »Psychotrick«, der mir hilft, Ruhe zu bewahren, wenn mehrere Probleme auf einmal auftauchen. Wenn Sie mit Problemen schwanger gehen und alle auf einmal betrachten, werden sie Ihnen unüberwindlich vorkommen. Sie sehen kein Licht am Ende des Tunnels und quälen sich tagelang damit herum, alle Probleme möglichst sofort auf einmal zu lösen.

Wenn Sie zehn Gläser mit Wasser nebeneinander vor sich auf den Tisch gestellt haben, sehen Sie alle auf einmal. Dann bilden die Gläser einen unüberwindlichen Berg, weil Sie nicht wissen, mit welchem Sie anfangen sollen. Wenn Sie dieselben Wassergläser aber hintereinander aufgereiht haben, sehen Sie immer nur eines, nämlich das erste. Und danach greifen Sie. Auf Probleme übertragen, bedeutet das nicht, dass man sich vor der Verantwortung drückt. Vielmehr übernimmt man auf diese Weise die Kontrolle über eine Situation, die zunächst zu entgleiten drohte und völlig unüberwindlich schien.

## Die wichtigste Person in meinem Leben bin ich

Glauben Sie nicht, ich wäre egoistisch. Das Gegenteil ist der Fall. Ich liebe die Menschen, die mich umgeben, sie bedeuten mir sehr viel. Wenn ich beteuere: »Die wichtigste Person in meinem Leben bin ich«, dann weil ich glaube, dass man erst wirklich lernt, andere zu lieben, wenn man zunächst an sich denkt und dafür sorgt, dass man sich in seiner Haut wohl fühlt und sich mag.

Ich will damit nicht sagen, dass man sich ausschließlich auf sich selbst konzentrieren muss, um seine Ziele zu erreichen. Nein! Aber wenn wir auf uns selbst, unsere Werte und die Mechanismen in uns achten, die unser Wohlbefinden regeln, sorgen wir dafür, dass sich auch andere in unserer Gesellschaft wohl fühlen und das Leben gern mit uns teilen.

Wir suchen Halt, Liebe und Zuverlässigkeit bei anderen. Natürlich ist es beruhigend zu wissen, dass wir Menschen haben, die zur Stelle sind, um uns aus der Patsche zu helfen und uns bei emotionalen Problemen zu unterstützen. Andererseits muss uns auch bewusst sein, dass diese Menschen nicht immer da sind, um uns zu helfen oder zu trösten, und dass sie auch ihre Schwierigkeiten haben. Wenn Sie nicht gelernt haben, sich selbst zu lieben, und sich immer wieder darauf verlassen, dass eine nahe stehende Person Sie aus dem Sumpf zieht, dann haben Sie ein Problem, das Sie unbedingt angehen sollten. Es ist unerlässlich, sich in erster Linie und vor allem auf sich selbst zu verlassen. Sie müssen in sich selbst die Quellen finden, aus denen Sie Ihr Wohlbefinden schöpfen. Das ist eine elementare Erkenntnis.

## Akzeptieren Sie sich, wie Sie sind

Jedes Wesen hat besondere Eigenschaften, Vorzüge und Fehler, die es zu einem Individuum machen. Zunächst müssen Sie lernen, sich so zu akzeptieren, wie Sie sind, ungeachtet dessen, ob Sie bestimmte äußerliche oder charakterliche Merkmale an sich nicht mögen. Sie haben eine große Nase? Wenn Sie nicht zum Schönheitschirurgen gehen wollen, werden Sie wohl mit dieser Gabe der Natur leben müssen! Sie sind überempfindlich? Es ist, wie es ist – Sie können schließlich nicht trainieren, die Tränen zurückzuhalten! Wenn Sie Ihr Schicksal beklagen und Trübsal blasen, verschwenden Sie unnötig Energie und machen sich noch unglücklicher, als Sie ohnehin schon sind.

Sich so zu akzeptieren, wie man ist, mit allen Vorzügen und Schwächen, das ist schon der erste Schritt in die richtige Richtung. Lernen Sie, mit den Dingen zu leben, die Sie an sich nicht mögen. Finden Sie Ihre Stimme zu schrill oder Ihre Oberschenkel zu dick? Lernen Sie, das entweder zu akzeptieren, oder ändern Sie's. Schluss mit den Komplexen! Vor allem müssen Sie aufhören, sich ständig mit anderen zu vergleichen.

Wir haben doch alle eine Freundin oder Bekannte, die vor Energie platzt und ständig Bäume ausreißen könnte. Allein vom Zuschauen geht uns da manchmal die Luft aus! Aber statt sie zu beneiden, sollten Sie sich selbst so akzeptieren, wie Sie sind. Sagen Sie sich, dass Sie die Dinge eben in *Ihrem* Rhythmus erledigen und dass das vollkommen in Ordnung ist. Es gibt zahllose Gelegenheiten, bei denen man versucht ist, sich mit anderen zu vergleichen. Da kann es um Eigenschaften, Verhaltensweisen oder Reaktionen auf Ereignisse gehen, aber auch um anderes – vielleicht hat Ihre Nachbarin ja einen schöneren Garten als Sie. Wenn Sie sich mit anderen vergleichen, laden Sie sich nur zusätzliche Bürden auf. Begreifen Sie, dass Sie Qualitäten besitzen, die andere nicht haben.

## Seien Sie stolz auf sich

Wenn Sie etwas geschafft haben, sollten Sie sich Zeit nehmen, um sich ein wenig auf Ihren Lorbeeren auszuruhen und das Gefühl des Stolzes zu genießen, den Sie sich verdient haben. Sie haben den Golfball so weit geschlagen wie noch nie? Kosten Sie den Augenblick aus! Das Gleiche gilt für Dinge, die Ihnen unbedeutend erscheinen mögen, etwa das köstliche Menü, das Sie zubereitet haben oder die Kreditkartenrechnung, die Sie endlich beglichen haben. Auch die geringste Heldentat trägt letztlich zur Stärkung Ihres Selbstbewusstseins bei.

## Gönnen Sie sich mal was

Wichtig ist, dass Sie sich belohnen, wenn Sie etwas Außergewöhnliches geschafft haben, das Ihrer Ansicht nach eine Heldentat darstellt. Es ist Ihr gutes Recht, sich eine Freude zu machen, Spaß zu haben und sich für Ihre Anstrengung zu belohnen. Wenn Sie ständig damit beschäftigt sind, sich selbst zu übertreffen, und sich nie die Zeit nehmen, die schönen Momente zu genießen, stauen sich bei Ihnen Frustrationen auf. Wenn Sie sich aber als Belohnung für eine Leistung etwas Gutes tun, steigern Sie Ihr Selbstwertgefühl.

## Lieben Sie das, was Sie haben ... und das Leben

Statt ständig andere zu beneiden – was manchmal schwer zu unterdrücken ist –, sollten Sie lernen, das zu lieben, was Sie selbst haben: die Menschen in Ihrem Umfeld, die Sie lieben und von denen Sie geliebt werden. Daraus lässt sich jede Menge Zufriedenheit ziehen. Bauen Sie sich ein Kuschelnest, wo man Sie gern besucht, genießen Sie die Augenblicke, die Sie in guter Gesellschaft verbringen, die Dinge, die Sie besitzen, und erfreuen Sie sich einfach an der Schönheit des Lebens. Die Hektik, in der die meisten leben, sorgt schnell dafür, dass sie die kleinen Dinge, die das Leben schön machen, übersehen. Es sind oft Dinge, die man kaum wahrnimmt – etwa der Moment, in dem man etwas bewundert. Wann haben Sie zum letzten Mal einen Sonnenuntergang beobachtet oder eine schöne Landschaft, sich an einem Kinderlachen oder einem Lächeln gefreut? Es ist verrückt, aber häufig nimmt man sich erst nach einer schwierigen Erfahrung – einer Trennung, dem Tod einer nahe stehenden Person, einer Krankheit – fest vor, ab jetzt jeden Augenblick bewusst zu erleben. Warum warten? Gewähren Sie sich die Zeit, mit Ihren Lieben Kontakt zu pflegen, Spaß zu haben und sie zu verwöhnen.

Oft schaue ich meinem Mann in die Augen, ohne etwas zu sagen, oder ich sehe ihm bei einer Beschäftigung zu. Manchmal fragt er mich, woran ich denke. Dann sage ich einfach: »Ich knabbere dich im Geiste an ...« Für mich ist das die allerbeste und leckerste Methode, Gefühle zu schlucken, und dabei werde ich auch bleiben.

Nehmen Sie nun Papier und Stift wieder zur Hand, diesmal um sich ein Bild von sich selbst zu machen. Schreiben Sie am Ende des Tages auf ein

Blatt Papier oder auch in Ihr Tagebuch, auf welche Tat Sie heute stolz waren oder welche Sie besonders befriedigt hat. Das kann etwas ganz Banales sein, etwa dass Sie pünktlich zu einem Termin erschienen sind, während Sie sonst immer zu spät kommen. Oder dass Sie im Laufe des Tages nur gesunde Sachen gegessen haben. Allein diese Liste anzulegen wird Ihnen Kraft und Selbstvertrauen verleihen, auf Ihrem Weg mutig voranzugehen. Vergessen Sie dabei nicht, dass Sie eins nach dem anderen anpacken und von einem Tag auf den anderen leben sollen.

## Seien Sie authentisch

Wenn man wenig Selbstvertrauen hat und das Selbstwertgefühl am Boden ist, neigt man dazu, die Wirklichkeit zu verzerren. Man verbirgt Eigenschaften, die einem an sich nicht gefallen, plustert sich künstlich auf oder macht andere schlecht, um sich selbst hervorzuheben. Das ist natürlich keine Lösung. Es nützt überhaupt nichts, seinen Mitmenschen etwas vorzumachen, indem man in eine Rolle schlüpft. Sie sind nicht dumm und merken das sofort. Am Ende hat man den Ruf weg, irgendwie »künstlich« zu sein. Der erste Mensch, den Sie mit diesem Verhalten betrügen, sind Sie selbst. Akzeptieren Sie Ihre Schwächen und Ihre Persönlichkeit, so wie sie ist; lachen Sie über sich, um dem Ganzen den Ernst zu nehmen. Ihre Mitmenschen haben mehr Respekt vor Ihnen, wenn sie merken, dass Sie es ehrlich meinen und sich so akzeptieren, wie Sie sind, als wenn Sie sich mit Komplexen quälen.

## Wenn der Wille fehlt ...

Wie oft hört man im Bekanntenkreis den Satz: »Ich würde ja gern, aber ich kann nicht, mir fehlt der Wille ...« Eine meiner Freundinnen redete ständig davon, dass sie zehn Kilo abnehmen wolle. Gleichzeitig lag sie mir in den Ohren, dass ihr dazu der Wille fehle. Monate lang war es der reinste Witz: Während ihrer Diät aß sie im Büro heimlich etwas Süßes, einen kleinen Schokoriegel oder etwas Ähnliches, als würde es dann niemand merken. Nach langem Hin und Her hatte sie plötzlich keine Lust mehr, uns anzuschwindeln und vor allem sich ständig einzuschränken. So verkündete sie eines Tages, dass sie ihre Schlankheitskur abgebrochen habe. »Das Leben ist zu kurz, als dass ich auf die Sachen verzichten will, die ich mag«, sagte sie.

Diese Freundin hatte nun zwei Möglichkeiten: Entweder sie aß weiter so viel, dann würde früher oder später ihr Körper Alarm schlagen und ihr Arzt sie zu einer Diät zwingen. Oder aber sie ging die Dinge eins nach dem anderen an, wie bei dem Beispiel mit den Wassergläsern. Sie entschied sich für die zweite Möglichkeit. Von einer Ernährungsberaterin unterstützt, machte sie sich ans Abnehmen. Als wir merkten, dass sie es wirklich ernst meinte, ermutigten wir sie, bis sie ihr Ziel schließlich erreichte.

Wenn Sie sich an die Aufgabe wagen, Selbstvertrauen zu gewinnen und sich selbst Respekt und Liebe entgegenzubringen, haben Sie schon den ersten Schritt in die richtige Richtung getan. Sie werden sehen: Ihr neues Selbstvertrauen wird Sie Erstaunliches bewerkstelligen lassen. Ob Sie eine neue Arbeitsstelle finden, Freundschaften oder eine Liebesbeziehung aufbauen, ob Sie abnehmen und sich bewusster ernähren oder endlich aufhören wollen, aus Frust zu essen – dank einem gesunden Selbstvertrauen und einem starken Willen werden Sie Ihre Probleme ohne Hast in den Griff bekommen.

## Selbstvertrauen – der Schlüssel zum Erfolg

Wenn man sich in seiner Haut wohl fühlt und selbstbewusst ist, lässt das Schicksal manchmal Taten zu, die man bis dahin nie für möglich gehalten hätte. Ich selbst habe von meinem neu gewonnenen Selbstvertrauen auf ganz außergewöhnliche Weise profitiert. Im Oktober 1996 gab eine Frauenzeitschrift eine Sonderausgabe für Singles heraus, mit Fotos und Beschreibungen von hundert Männern. Eine Kollegin hatte das Magazin mit zur Arbeit gebracht und am nächsten Tag blätterte ich es durch. Ich war damals schon zwei Jahre allein und rund acht Monate zuvor hatte ich beschlossen, mein Leben selbst in die Hand zu nehmen. Ich hatte abgenommen, an Selbstvertrauen gewonnen und aufgehört, aus Frust zu essen.

Aus Neugier blätterte ich also diese Zeitschrift durch und da stach mir das Foto eines Mannes ins Auge. Ich sah mir alle Seiten, alle Bilder wirklich genau an, aber immer wieder kam ich auf das von Daniel zurück. Er schien mich direkt anzublicken, zumindest hatte ich dieses Gefühl. Noch ein Jahr zuvor hätte ich daraufhin nie und nimmer eine Nachricht auf einen fremden Anrufbeantworter gesprochen ... Doch zu meiner größten Überraschung tat ich genau das! Kaum hatte ich den Hörer aufgelegt, fragte ich mich schon, woher um Himmels willen ich den Mut dazu genommen hatte.

Am nächsten Tag telefonierten wir zum ersten Mal und bereits bei diesem Gespräch verliebten wir uns ineinander! Einige Tage später trafen wir uns in einem Café – und schon war ich unsterblich verliebt! Als ich die Geschichte meiner Familie erzählt hatte, konnte sich mein Bruder Gilbèrt meiner Mutter gegenüber nicht die Bemerkung verkneifen: »So was! Meine Schwester Louise hat sich das getraut?« Es war wirklich sehr überraschend für jeden, der mich etwas besser kennt, denn alle wussten, dass ich wenig Selbstvertrauen hatte. Doch wie schon erwähnt hatte ich einige Monate vor meinem vierzigsten Geburtstag eine grundlegende Wandlung durchgemacht. Ich hatte beschlossen, alles daranzusetzen, um mich selbst mehr zu respektieren und Freude am Leben zu haben.

Knapp zwei Jahre später, im August 1998, heirateten Daniel und ich im Kreis von Kindern, Eltern und Freunden. Bis heute hat unsere Liebe nicht nachgelassen. Es vergeht kein Tag, an dem ich nicht dem Himmel dafür danke, dass ich Anfang 1996 den Mut gefasst habe, aktiv zu werden. Nachdem ich einige Monate lang mein Seelenleben ausgemistet hatte, gelang es mir, nicht nur einen, sondern gleich mehrere Träume zu verwirklichen. Der Weg war sicherlich vorgezeichnet, daran glaube ich fest. Zweifellos hatte meine Mutter, die uns inzwischen verlassen hat, dabei die Finger im Spiel. Und doch: Nach all den Jahren der Unsicherheit, Mühsal und Kompromisse habe ich meinem Schicksal den Schubs in die richtige Richtung gegeben, indem ich die Ärmel hochkrempelte.

# 7
# WIE SIE DEN STRESS LOSWERDEN

Alle Menschen haben hin und wieder Stress und häufig führt er dazu, dass sie Trost im Essen suchen. Alles kann zur Quelle von Stress werden: Arbeit, das Verhältnis zum Partner oder zu den Kindern, das Liebesleben, der ermüdende Kampf gegen die Zeit, um nur ein paar Beispiele zu nennen. Zahlreiche Bücher sind über dieses Thema geschrieben worden. Sie lehren uns hauptsächlich, wie wir am besten mit dem Stress umgehen und Spannungen von vornherein vermeiden. Seit einigen Jahren habe ich einige Tricks zur Verfügung, die mir helfen, Stress zu kontrollieren, die mich beruhigen und nicht zuletzt davon abhalten, zur Beruhigung zu essen. Ich möchte sie Ihnen gern verraten und hoffe von ganzem Herzen, dass sie Ihnen nützen.

## Visualisieren Sie

Wenn etwas passiert, das mich verstört und meine Gefühlswelt durcheinander wirbelt, benutze ich oft die Methode der Visualisierung, um mich zu beruhigen. Es genügt schon, einfach der Fantasie freien Lauf zu lassen, um irgendwo im Hinterstübchen des Gehirns beruhigende Bilder zu finden. Natürlich müssen Sie nicht warten, bis etwas Schlimmes passiert, damit Sie die Visualisierung anwenden können. Mir vermittelt diese Methode Trost und Hoffnung auf die Zukunft. Es erstaunt mich immer wieder, welche Ergebnisse ich erziele, wenn ich die Übung ein paarmal wiederhole. Sicher haben Sie Ihre eigenen Methoden, die zweifellos ebenso gut sind. Ich möchte Ihnen hier einfach die vorstellen, die mir helfen.

Die folgende Übung führe ich durch, wenn ich etwas mehr Zeit habe. Ich nehme drei tiefe Atemzüge und zähle sehr langsam von zwanzig bis null herunter. Dabei konzentriere ich mich auf die Zahlen, während ich versuche, an nichts anderes zu denken (wenn ich das abends im Bett mache, schlafe ich manchmal schon ein, bevor ich bei zehn angekommen bin). Wenn der Countdown zu Ende ist, stelle ich mir Projekte vor, die mir viel bedeuten – einen Traum, der mir am Herzen liegt, Wünsche für die Mitglieder meiner Familie oder mich selbst. Um anschließend wieder sanft auf dem Boden der Tatsachen zu landen, spreche ich ein kleines Gebet. Mittels dieser Visualisierung schöpfe ich die Hilfe aus mir selbst. Dieser Moment des Innehaltens, diese kleine Pause, sorgt dafür, dass ich danach alles wieder mit mehr Schwung anpacke.

Manchmal wende ich die Visualisierungsmethode morgens im Bett an, wenn ich noch im Halbschlaf vor mich hin dämmere. Ich denke an den Tag, der vor mir liegt, an das, was ich zu tun habe, und sage mir, alles wird gut gehen und ich werde meine Arbeit bestens erledigen. Das ist nichts anderes als Konditionierung, aber diese Methode hat bei mir in den letzten Jahren wirklich viel bewirkt, weil ich danach immer das Gefühl hatte, alles viel leichter bewältigen zu können.

Sie haben so etwas sicher auch einmal erlebt: Ich musste zu einem Abendessen, das ich mir lieber erspart hätte. Vor dem Weggehen versuchte ich, möglichst viele positive Punkte zu sammeln. Ich konditionierte mich, indem ich mir sagte, alles wird wunderbar und ich werde mich blendend amüsieren. Im Allgemeinen trifft das dann auch ein. Manchmal muss ich einfach nur die Augen schließen, dreimal tief einatmen und langsam ausatmen und alles ist in Ordnung. Ich hatte genügend Zeit, um schöne Bilder aus meinem Gedächtnis abzurufen und mir angenehme Momente vorzustellen, die ich erlebt habe oder noch erleben möchte.

Die Szenen oder Wünsche, die man visualisiert, sind sehr persönlich. Wenn mich die Knabberlust überfällt oder mich der Stress aufzufressen droht, stelle ich mir vor, dass ich gemütlich zu Hause im Sessel vor dem Kamin sitze, mit einem guten Buch, das ich schon lange anfangen wollte. Ich fühle mich wohl, es ist schön warm, ein angenehmer Duft durchzieht den Raum. Mein Mann ist ganz nah bei mir und gibt mir einen Kuss auf die Wange, bevor er sich wieder seiner Arbeit zuwendet. Das ist Glück! Diese Szene spendet mir immer sehr viel Trost.

Ein anderes Szenario: Ich bin in meinem Garten – die Jahreszeit spielt keine Rolle – und bestelle meine Beete, beschneide Sträucher, pflanze Blumen und so weiter. Es herrscht absolute Stille um mich herum.

Wenn ich mir solche Szenen vorstelle, empfinde ich großen inneren Frieden, und zwar innerhalb von kaum einer Minute! Anschließend kann ich dem anstehenden Problem mit größerer Gelassenheit die Stirn bieten. Probieren Sie den Trick selbst aus. Denken Sie an ein Bild, an eine Situation, die tröstlich sein könnte. Überlegen Sie, was Ihre größte Leidenschaft ist und was Ihnen am meisten Freude macht. Denken Sie an nichts und lassen Sie sich von Ihrer Fantasie davontragen. Mit ein wenig Übung wird dieser Trick erheblich zu Ihrem Wohlbefinden beitragen.

## Der Haushalt als Quell der Entspannung

Es erscheint Ihnen vielleicht amüsant, aber wenn ich gestresst bin und mich gerade zu Hause aufhalte, erledige ich gern Haushaltsarbeiten wie Badputzen, Staubsaugen, Aufräumen ... Indem ich Energie verbrauche, entspanne ich mich. Und wenn dann erst einmal draußen alles aufgeräumt ist, räume ich in mir drin auf. Im Büro wende ich in etwa das gleiche Prinzip an. Manchmal weiß ich nicht mehr, an welchem Ende ich anfangen soll, weil ich überlastet bin und die Vorgänge sich an

Dringlichkeit gegenseitig überbieten. Dann bleibe ich abends einfach ein bisschen länger oder komme morgens etwas früher. Neulich bin ich sogar am Wochenende einmal ein paar Stunden ins Büro gegangen ... um aufzuräumen! Ablage machen, Akten sortieren, Schubladen ordnen. Danach konnte ich in aller Ruhe mit der eigentlichen Arbeit weitermachen. Innen aufräumen durch außen aufräumen – ganz einfach!

## Die Muskeln bewegen

Stress hat oft seltsame Folgen. Man reagiert barsch, das Lächeln verschwindet aus dem Gesicht oder man bekommt Magenschmerzen. Jede Frau hat ihre eigenen Symptome. Ich zum Beispiel bekomme bei Stress Muskelverspannungen. Wenn ich Gelegenheit habe, versuche ich dann, ein wenig Energie zu verbrauchen: Gehen (ziemlich flott), Joggen, Rad fahren oder Golf spielen. Einmal hatte ich die Möglichkeit, nach einem langen, harten Arbeitstag auf einem Übungsplatz ein paar Golfbälle zu schlagen. Ich versichere Ihnen, so einen Ball durch die Luft zu jagen ist wirklich außerordentlich entspannend. Mein Mann ging lange Zeit mit Tennisschläger und -ball auf einen Schulhof, wenn er Stress hatte. Zwanzig Minuten gegen die Wand spielen und ein bisschen rennen halfen ihm, die Spannung abzubauen.

Wenn Sie sich nicht körperlich betätigen können, nehmen Sie sich zumindest die Zeit, Ihre Muskeln zu massieren, vor allem Schultern und Nacken. Sie können auch jemanden bitten, Sie zu massieren – das wird Sie enorm entspannen. Und wer weiß, auf welche Ideen Sie das bringt. Entspannung überwindet alle Grenzen!

## Dampf ablassen

Sicher haben Sie schon einmal gehört oder gelesen, dass man sich einfach gehen lassen und weinen oder schreien soll, um Stress abzubauen. Wenn Ihnen diese Methode liegt und hilft, schämen Sie sich nicht! Ein Schrei aus tiefster Seele in der freien Natur oder auch im Auto bei geschlossenen Fenstern kann außerordentlich wohltuend sein. Ich halte es aber nicht für sinnvoll, Aggressionen rauszulassen und etwa Sachen zu zerschmeißen oder auf ein Kissen einzuschlagen. Diese Therapie kann meiner Ansicht nach gefährlich werden. Eines Tages schlägt man vielleicht unter besonders großem Druck nicht mehr nur ein Federkissen.

## In aller Stille ...

Wenn ich unter Stress leide, suche ich Zuflucht in besonders beruhigenden Tätigkeiten wie Lesen oder Schreiben. Sie sollten immer eine Zeitschrift oder ein Buch zur Hand haben, das Sie fasziniert und in das Sie richtig eintauchen können, wenn Sie kurz vor dem Explodieren stehen. Die Idee ist simpel: Mit diesem Trick bringen Sie sich auf andere Gedanken. Das Gleiche gilt fürs Schreiben oder zum Beispiel das Lösen von Kreuzworträtseln.

Auch Musik ist eine hervorragende Quelle der Entspannung. Manche hören ihre Lieblingsmusik bei voller Lautstärke, andere bevorzugen gedämpfte Töne oder Zimmerlautstärke – doch das ist ganz egal. Wichtig ist nur, dass sich die Musik positiv auf Ihre Laune auswirkt. Wenn Sie sich so richtig abreagieren wollen, können Sie bei Ihrem Lieblingssong auch lautstark mitsingen.

Lachen ist ebenfalls eine wunderbare Medizin gegen Stress und Ärger aller Art. Schauen Sie sich eine Komödie an, hören Sie eine CD, die Sie zum Lachen bringt, oder lesen Sie einen Comic, falls Ihnen danach ist. Wenn Sie fühlen, wie sich der Druck in Ihnen aufbaut, können Sie auch jemanden anrufen, den Sie sehr mögen und dem Sie zutrauen, dass er Sie wieder aufmuntert.

Ich wiederum kenne nichts Entspannenderes als ein heißes Schaumbad im Schein von ein paar Kerzen. Die pure Wonne!

# SCHLUSSBEMERKUNG

Aus Frust essen und dadurch zunehmen ist ein Problem, das viele Menschen betrifft, ungeachtet ihres Alters, ihres Geschlechts oder ihres sozialen Standes. Wie Rauchen, Alkoholismus oder Drogensucht lässt es sich nicht immer so schnell lösen, wie wir uns das wünschen.

Ich habe dieses Buch geschrieben, damit meine persönlichen Erfahrungen vielleicht der einen oder anderen von Ihnen nützlich sein können. Wenn Sie beschließen, Ihr Essverhalten zu ändern, eine Diät zu machen und gesund zu essen, denken Sie daran: Es ist alles eine Frage von Selbstvertrauen und Durchhaltevermögen. Geben Sie sich die Chance, sich selbst zu beweisen, dass Sie über sich hinauswachsen und Willen und Entschlossenheit an den Tag legen können. Seien Sie selbstbewusst!

Wenn man einen harten Schlag wegstecken muss, findet man häufig zum eigenen Erstaunen in sich ungeahnte Kraftquellen, die einem helfen, der Situation die Stirn zu bieten. Warum versuchen Sie nicht, diese Reserven anzuzapfen, um Ihre Ziele zu erreichen? Bleiben Sie optimistisch und malen Sie sich die Zukunft rosig, indem Sie sich immer wieder vorstellen, welche wunderbaren Dinge passieren werden. Lernen Sie, sich selbst zu lieben, stolz auf sich zu sein und Vertrauen in die eigenen Fähigkeiten zu gewinnen. Statt Befriedigung im Essen zu suchen – berauschen Sie sich am Leben!